ŒUVRES

DE FLORIAN.

THÉATRE
DE FLORIAN.

C'est là tout mon talent ; je ne sais s'il suffit.
LA FONTAINE, V, 1.

TOME PREMIER.

PARIS,

BRIAND, libraire, rue des Poitevins, n.º 2,
au coin de la rue Hautefeuille.

1810.

AVANT-PROPOS.

En donnant au public le recueil de mes comédies, je me garderai bien de le faire précéder de réflexions sur la comédie. Ce serait d'abord risquer d'ennuyer, péril qu'on ne peut assez craindre ; ensuite je serais sûr de me nuire ; car de deux choses l'une : ou je prouverais que je suis un ignorant, et personne ne gagnerait à cette découverte ; ou je me montrerais fort instruit ; et l'on m'en trouverait plus coupable d'avoir fait des pièces si imparfaites, en sachant si bien comment on les fait bonnes. Je ne veux donc parler ici que du genre que j'ai adopté, dire les motifs de cette adoption, et relever les fautes que je n'ai pas évitées.

Pour pouvoir définir ce genre, il faut dire un mot des autres : il faut répéter, ce que l'on sait déjà, que la comédie de caractère est sans contredit le plus beau, le plus utile, le plus difficile de tous les drames. Quel travail que celui d'étudier jusqu'aux plus petits traits de l'homme qu'on veut peindre, de fouiller dans les replis de son cœur, d'y sur-

prendre sés sentimens les plus cachés, et
d'imaginer ensuite des situations où, dans
l'espace de deux heures, tous ces traits, tous
ces sentimens, soient développés, en amu-
sant, en intéressant toujours deux mille personnes rassemblées au hasard, et très-indif-
férentes à l'affaire dont il s'agit ! Un tel ouvrage, quand il est parfait, me semble le
chef-d'œuvre de l'esprit humain.

Mais ce chef-d'œuvre, en tous les tems si
difficile, l'est peut-être aujourd'hui plus que
jamais. Quand il naîtrait un second Moliè-
re, merveille que la nature ne produit plus
vraisemblablement, pourrait-il se flatter
d'égaler le premier? trouverait-il des sujets
tels que le *Misantrope*, le *Tartuffe*, l'*Avare?*
Je ne le crois pas. Les caractères qui restent
à traiter me semblent petits auprès de ces
grands modèles. Je juge du moins qu'ils doivent être peu saillans, par la peine qu'on a
de leur trouver même un nom.

On pourrait donc penser qu'il ne reste guère à peindre que des demi-caractères; encore
les modèles en sont-ils rares. C'est dans le
monde qu'il faut les chercher ; et j'ai cru re-

marquer que dans le monde on se ressemble un peu. Le grand précepte, *il faut être comme les autres*, qui fait la base de nos éducations, met une assez grande conformité dans les mœurs, dans les actions, dans le langage de ceux qui composent la société. Chaque âge, chaque état, a ses idées, son ton, ses manières convenues : on les prend sans s'en apercevoir; on les garde par paresse, souvent par respect humain ; et les formules, les devoirs d'usage; l'obligation de parler lorsqu'on ne voudrait rien dire , l'habitude de traiter comme des amis ceux dont on ne se soucie guère, enfin la monotonie de la politesse, si l'on peut s'exprimer ainsi, éteignent le naturel, et font disparaître les nuances des caractères. Tout n'en est peut-être que mieux ; et il faut bien que cela soit , puisqu'on a l'air si heureux dans le monde. Je ne prétends point m'ériger en censeur ; je veux dire seulement que j'ai trouvé un peu de ressemblance entre ce monde bruyant et le bal de l'opéra. C'est assurément un lieu enchanteur, on y fait infiniment d'esprit , on y voit de très-jolis masques ; mais un peintre serait peut-être embarrassé d'y trouver une physionomie.

D'après ces réflexions, bonnes ou mauvaises, et auxquelles je n'attache aucune prétention, j'aurais renoncé à la comédie de caractère, quand bien même j'en aurais eu le talent : car le talent ne suffit pas ; c'est du sujet que dépend le sort d'une pièce. Si cela n'était pas vrai, nos grands hommes n'auraient fait que des chefs-d'œuvres.

Peut-être aussi, et je le croirais bien, mon impuissance m'a-t-elle rendu ces raisons meilleure. J'en conviendrai volontiers à chaque bonne comédie de caractère que l'on nous donnera; mais, en attendant, je croirai qu'à moins de se sentir un talent très-supérieur, on fera mieux de traiter la comédie de sentiment ou la comédie d'intrigue.

Ces deux genres me semblent inépuisables. Avec de l'esprit et de la sensibilité, on trouvera souvent des intérêts nouveaux, des situations piquantes. Les vices, les travers sont bornés ; mais les passions, et heureusement les vertus, nous offrent un champ immense.

J'entends par la comédie de sentiment, celle que La Chaussée fera vivre à jamais, malgré les épigrammes de ses critiques; celle

qui met sous les yeux du spectateur des personnages vertueux et persécutés ; une situation attachante où la passion combat le devoir , où l'honneur triomphe de l'intérêt ;
celle enfin qui sait nous instruire sans nous
ennuyer, nous attendrir sans nous attrister ,
et qui fait couler ces douces larmes , le premier besoin d'une ame sensible.

La comédie d'intrigue , qui porte sur la
même base que la comédie de sentiment :
l'intérêt, emploie des moyens tout différens.
Un vieillard amoureux , un rival ridicule :
des valets adroits , des dangers sans cesse
renaissans , des ressources toujours impré-
vues , des méprises enfin , moyen le plus sûr
de tous au théâtre : voilà par quels ressorts
elle attache , égaie le spectateur, l'amuse
assez pour l'intéresser, et le fait rire des malheurs qui peuvent lui arriver le lendemain.

La réunion des deux genres dont je viens de
parler ferait sans doute un bon ouvrage:mal-
heureusement cette réunion est extrême-
ment difficile. Presque toujours le comique
nuit à l'intérêt, et l'intérêt exclut le comique.
J'ai cru pourtant qu'il n'était pas impossible
de les allier. J'ai pensé que le sentiment et la

I.

plaisanterie pouvaient tellement être unis ,
qu'ils fussent quelquefois confondus , que le
spectateur s'égayât et s'attendrît en même
tems , qu'il fût également ému par l'intérêt
de l'action et réjoui par le comique de l'acteur , en un mot , que le même personnage
fît pleurer et rire à la fois. Pour cela j'avais
besoin d'Arlequin *

* Ce personnage , qui paraît avoir été connu des an-
ciens , a été l'objet des recherches de plusieurs auteurs.
L'opinion la plus vraisemblable , c'est qu'il fut dans son
origine un esclave africain. Son visage noir et sa tête
rasée semblent l'indiquer. Quant à son habit de trois couleurs , ce que j'ai pu découvrir , sinon , de plus authenti-
que , au moins de plus agréable , le voici :

Un pauvre petit nègre orphelin , abandonné près de
Bergame , ne trouva d'amis et de protecteurs que dans
trois enfans de son âge qui jouaient hors de la ville. Ils
eurent pitié du malheureux étranger , commencèrent par
lui donner leur pain ; et. le voyant presque nu , ils ré-
solurent de l'habiller ; mais ils n'avaient point d'argent.
Heureusement chacun d'eux était fils d'un marchand de
drap. Sans s'être donné le mot , les trois petits bienfai-
teurs volèrent , le même jour , dans la boutique de leur
père une demi -aune de drap pour vêtir leur jeune ami.
Ces trois demi-aune se trouvèrent de différentes couleurs.
Malgré cet inconvénient , on se hâta de les coudre ensemble du mieux qu'on put. L'habit fut assez mal taillé ;
mais il parut à tous fort joli ; On voulut même donner

Ce caractère est le seul peut-être qui rassemble l'esprit et la naïveté, la finesse et la balourdise. Arlequin toujours simple et bon, toujours facile à tromper, croit ce qu'on lui dit, fait ce que l'on veut, et vient se mettre de moitié dans les pièges qu'on veut lui tendre : rien ne l'étonne, tout l'embarrasse ; il n'a point de raison, il n'a que de la sensibilité ; il se fâche, s'appaise, s'afflige, se console dans le même instant : sa joie et sa douleur sont également plaisantes. Ce n'est pourtant rien moins qu'un bouffon ; ce n'est pas non plus un personnage sérieux, c'est un grand enfant : il en a les grâces, la douceur, l'ingénuité ; et les enfans sont si aimables, si attrayans, que j'ai cru mon succès certain, si je pouvais donner à cet enfant toute la raison, tout l'esprit, toute la délicatesse d'un homme.

Deliste et Marivaux en avaient déjà tiré un grand parti. Le premier a fait de son Arlequin un philosophe de la nature, misantrope

une épée à celui qu'on trouvait si bien mis : un morceau de bois fit l'affaire. Alors on crut pouvoir présenter le petit étranger dans la ville. Arlequin s'y établit, et la reconnaisance lui fit un devoir de porter toujours cet habit qui lui rappelait un bienfait si aimable.

gay, cynique décent, qui voit les objets
comme ils sont, les montre comme il les voit,
s'exprime avec énergie, et fait rire en rai-
sonnant juste.

Marivaux, ce grand anatomiste du cœur
humain, qui pour avoir voulu tout dire, n'a
pas toujours dit ce qu'il fallait. Marivaux a
fait des Arlequins moins naturels, moins phi-
losophes que ceux de Delisle, mais plus dé-
licats, plus aimables, et qui, à force d'esprit,
rencontrent quelquefois la naïveté.

Je n'ai voulu copier ni Marivaux ni Delisle.
Cela ne m'aurait pas été facile : l'un avait plus
de finesse, l'autre plus de profondeur que
moi. J'ai voulu peindre un Arlequin bon,
doux, ingénu, simple sans être bête, parlant
purement, et exprimant avec naïveté les sentimens d'un cœur très-tendre. Une fois ce caractère établi, non d'après les auteurs qui s'en
étaient servis avant moi, mais d'après mes
idées particulières, j'ai cherché des intrigues
qui pussent m'aider à le développer. J'étais
presque sûr que mon héros était intéressant;
son masque et son habit le rendaient comique ; il ne fallait plus que trouver des situa-

tions attachantes, et je devais faire rire et
pleurer. Il reste à savoir si j'y suis parvenu.

Lorsque j'osai risquer pour la première fois
au théâtre l'Arlequin que je m'étais créé, il
y avait plus de vingt ans que la comédie ita-
lienne avait abandonné les pièces de Marivaux et de Delisle, pour des canevas italiens
que les acteurs remplissaient à leur gré. J'es-
sayai de rappeler un genre oublié. Je fis représenter par des acteurs italiens une pièce
toute française : LES DEUX BILLETS. Elle
réussit, quoiqu'elle ne fût pas jouée par le
célèbre Carlin, acteur à jamais recomman-
dable, par ses grâces, par son naturel, et à
qui peut-être il n'a manqué que de la mémoire pour être le premier des acteurs comiques.

D'après ce succès qui m'encouragea,
d'après une chute qui m'éclaira*, je voulus
donner à mes comédies un but de moral et
d'utilité. Cette idée n'avait rien de neuf; car
toutes les bonnes comédies sont ou doivent
être morales. Mais, avec le personnage que
j'avais choisi, je ne pouvais pas développer

* ARLEQUIN ROI, DAME ET VALET, tombé le
5 novembre 1779, et jeté au feu le 6 du même mois.

de grands sujets , ni prétendre à corriger les
hommes en attaquant de grands vices : j'es-
sayai du moins de les exciter à la vertu, en leur
rappelant combien elle donne de vrais plaisirs. Je voulus surtout présenter le tableau de
ces vertus familières, de ces vertus de tous les
jours, les plus utiles peut-être, les plus nécessaires au bonheur : car ce ne sont pas , ce me
semble , les grands préceptes de la morale et
de la philosophie que l'on trouve à mettre en
pratique le plus souvent. On est rarement
dans le cas de sacrifier à son devoir , à la pa-
trie, à l'honneur , son repos , sa fortune et sa
vie; mais on est obligé à tous les instans d'être
un bon fils , un bon époux , un bon père.

Voilà les modèles que je résolus de tracer.
J'avais déjà peint le désintéressement du vé-
ritable amour; je tentai de peindre le bonheur
de deux époux bien unis , et de prouver qu'il
ne faut jamais soupçonner un cœur que l'on
connaît vertueux. Je voulus ensuite esquisser
le tableau d'un père qui adore sa fille , et qui
voit sa tendresse récompensée par la confiance la plus entière ; celui d'une mère sage
qui se sacrifie elle-même pour rendre sa fille

au bonheur ; enfin celui d'un fils vertueux
et sensible qui immole sa passion à sa mère.

Tels sont les sujets des DEUX BILLETS,
du BON MÉNAGE, du BON PÈRE, de la
BONNE MÈRE, et du BON FILS. Les trois
premières pièces forment, pour ainsi dire,
le roman de mon Arlequin mis en action
dans les trois états de la vie les plus intéressans : ceux d'amant, d'époux et de père.
En lui conservant toujours son caractère
original, je l'ai fait parler différemment
dans ces trois comédies, parce que ses affec-
tions et son âge sont différens.

Dans les DEUX BILLETS, Arlequin est
très-jeune et amoureux. Il a plus d'esprit que
dans les deux autres pièces, par la raison qu'il
est amoureux, et que l'amour, qui ôte souvent l'esprit à ceux qui en ont, en donnent
infiniment à ceux qui, comme Arlequin, ne
savent jamais qu'ils ont de l'esprit. Quant à
sa façon d'aimer, elle est peinte dans la
pièce. Le succès qu'elle a eu ne m'a point
aveuglé sur le défaut du dénouement. Le
billet de loterie devrait rentrer dans les
mains de son vrai maître par un moyen plus

ingénieux que celui dont se sert Argentine : je le sais, et j'avoue en toute humilité que je n'ai pu en trouver un autre.

Dans le BON MENAGE, Arlequin est marié depuis long-tems. Il adore sa femme ; mais cet amour, le meilleur de tous, fondé sur l'estime et la confiance, doit être aussi tendre et moins galant que celui des DEUX BILLETS. Aussi ai-je fait mes efforts pour exprimer cette nuance, pour rendre le dialogue plus simple et plus naturel. Arlequin joue avec ses enfans, et cause avec sa femme ; l'esprit n'a rien à faire là. Deux époux bien unis, bien sûrs l'un de l'autre, ne font pas des madrigaux ; ils sont mutuellement, et sans avoir besoin de s'en avertir, l'objet constant de toutes leurs actions, de toutes leurs pensées : mais ils ne parlent point d'amour, cela va s'en dire : ils s'aiment, puisqu'ils existent.

Quelques personnes ont trouvé mauvais qu'Arlequin pardonnât à sa femme avant qu'elle eût prouvé son innocence. Si c'est un défaut, on doit d'autant plus me le reprocher, que c'est pour ce défaut-là que j'ai fait la pièce.

Le BON PÈRE est écrit d'un stile plus élevé que celui des deux autres comédies; j'ai peut-être à m'en justifier. Arlequin est devenu riche; il vit à Paris dans la bonne compagnie: un homme de condition veut épouser sa fille; il est impossible qu'il n'ait pas pris un peu du ton de ceux qui l'entourent. Il n'a plus son habit, il n'a que son masque : j'ai tâché de ne lui conserver de son ancien langage qu'en proportion de ce qui lui restait d'Arlequin.

Le grand défaut de ce petit ouvrage, c'est qu'Arlequin ne fasse point d'action principale qui caractérise précisément LE BON PÈRE: Il pourrait s'appeler tout aussi bien L'HONNÊTE HOMME, et le dénouement justifierait mieux ce dernier titre. J'en conviens; et j'ai réparé, autant qu'il était en moi, cette faute en multipliant les détails de tendresse paternelle, en représentant un père toujours occupé de sa fille, ne parlant que de sa fille, ne pouvant être heureux que du bonheur de sa fille. Je n'ose pas ajouter qu'un grand sacrifice, un beau trait d'amour paternel, est peut-être moins difficile, et caractérise moins un bon père, que cette habitude continuelle de sollicitude et de tendresse.

Le rôle d'Arlequin dans la BONNE MÈRE est bien moins considérable que ceux dont je viens de parler. J'ai craint qu'il n'attirât trop l'attention qui doit se porter sur la bonne mère. J'ai été un peu gêné dans les détails de tendresse que j'ai donnés à cette bonne mère, parce que j'avais déjà fait le bon père, et que la ressemblance des deux caractères en devait mettre nécessairement dans l'expression de leurs sentimens. Aussi ai-je bien senti que Mathurine n'a pas, dans ses scènes avec Licette, autant d'amour, de douceur, d'épanchemens tendres, que le bon père avec Nisida. Cette imperfection est peut-être rachetée par la belle action de Mathurine, de sorte qu'elle ne fait qu'agir, et le bon père ne fait que parler. Chacun des deux ouvrages a son défaut, que l'on verra bien sans que je le dise; mais j'aime mieux le dire le premier.

Dans LE BON FILS, il n'y a point d'Arlequin, parce que la situation du bon fils, obligé de choisir entre sa mère et sa maîtresse, forcé de sacrifier l'une à l'autre, semble exclure de son rôle toute espèce de comique. Non seulement il ne faut pas que le bon fils rie, mais il ne faut pas qu'il fasse rire un moment. L'intérêt est, ce me semble, trop vif, trop important, pour admettre le moindre comique. Dès-lors il est nécessaire de bannir toute idée d'Arlequin, qui, dans quelque situation qu'on le place, doit toujours au moins faire sourire.

J'avoue que le grand défaut du BON FILS est ce manque de comique : j'ai tâché d'y suppléer par le rôle de Thibaut. J'avoue encore que je me suis consolé d'avoir fait, sans Arlequin, une comédie en trois actes, où j'ai présenté un modèle de la première vertu que l'on met en usage dans le monde. J'y ai trouvé le plaisir de rassurer quelques personnes, qui, me voyant toujours faire des pièces avec un Arlequin, craignaient (par amitié pour moi) que je ne pusse jamais faire autre chose. Un intérêt si tendre méritait bien que je prisse la peine de leur offrir une comédie sans Arlequin. J'aurais eu d'autant plus mauvaise grâce à me refuser à cette complaisance, que LE BON FILS est de tous mes ouvrages celui qui m'a le moins coûté.

Afin de compléter ce petit cours de morale,
j'ai voulu faire une pièce pour des enfans. J'ai
pris mon sujet dans M. Gessner ; et le nom
de cet aimable auteur m'a rendu ce sujet plus
cher que si je l'avais inventé. J'ai eu grand
soin de faire imprimer à la tête de ma pastorale la charmante idylle qui me l'a fournie.
J'ai été fier de mêler dans mes ouvrages un
ouvrage du chantre d'Abel Il m'a semblé que
cette idylle porterait bonheur à mon recueil,
et qu'une simple fleur du jardin de M. Gessner
suffirait pour parfumer tout mon bouquet.

J'ai encore un autre espoir. Je me suis
flatté que dans ces familles bien unies , que
j'ai toujours en vue lorsque je travaille , les
Enfans de la maison joueraient MYRTIL ET
CHLOÉ à la fête de leur mère, à la convales-
cence de leur père. Cette idée m'a réjoui ,
parce que j'aime les enfans et les fêtes de famille. Je suis sûr d'avance que le jeu de ces
aimables acteurs, là circonstance, l'émotion
d'un cœur paternel, effaceront tous les défauts
de mon petit ouvrage; et la certitude qu'il fera
couler des larmes a suffi pour m'attacher à

cette bagatelle, qui ne vaut pas la peine d'être examinée.

La ressemblance parfaite de deux Arlequins m'avait toujours semblé un joli sujet de comédie. L'ancienne pièce des deux Arlequins, de Le Noble, m'encourageait à la faire; mais les Ménechmes m'effrayaient. Je pris le parti de réduire ma comédie à un acte, pour éviter toutes les situations qui se trouvent dans les Ménechmes. J'observai scrupuleusement de couper toutes les scènes qui pouvaient ressembler à celles de Regnard ; et cela n'a pas empêché de dire que j'avais copié les Ménechmes.

Ce n'est pas là le défaut de cette petite comédie, qui pêche plutôt par le manque d'intrigue. Comme ce reproche est grave, je ne veux point en trop parler. D'ailleurs, de toutes mes pièces, celle des JUMEAUX DE BERGAME a le plus réussi ; et je n'ai garde d'appeler du jugement du public.

JEANNOT ET COLIN fut un de mes premiers ouvrages. Si je le faisais aujourd'hui, ce ne serait point Colin et Colette qui parleraient les premiers pour annoncer Jeannot, ce serait au contraire Jeannot qui annoncerait

Colin et Colette, parce que ces derniers sont les plus intéressans, et que leur arrivée, qui ne fait point d'effet, puisqu'on ne les connaît pas, en ferait beaucoup si l'on avait parlé d'eux. J'amènerais sur la scène tous les personnages, tous les tableaux dont ce sujet est susceptible ; j'essaierais de peindre les faux amis, les flatteurs, les parvenus ; enfin je suivrais mieux le conte dont je me suis trop écarté. Mais dans le tems où j'ai fait cette pièce, je n'y voyais que Colin et Colette ; je regardais comme inutiles toutes les scènes où je ne parlais pas d'amour et d'amitié. Au lieu d'une bonne comédie, qu'un homme plus instruit que moi aurait faite, je ne voulais écrire qu'un petit drame touchant. Heureusement je pleurais en travaillant ; quelques spectateurs ont pleuré à la représentation, et ma pièce a été sauvée. L'attachement qu'on a toujours pour ses premiers essais m'a empêché d'y retoucher. Je n'en applaudirais pas moins à celui qui traiterait ce sujet d'une manière plus digne du conte.

J'ai voulu faire un mélodrame, et je crois avoir bien choisi le sujet d'HÉRO ET LÉANDRE

Ovide m'a fourni plusieurs traits, c'est le seul mérite de cette bagatelle.

Je ne détaillerai point les défauts du BAISER, et de BLANCHE ET VERMEILLE parce qu'on leur en a trouvé beaucoup. La féerie et la pastorale ne sont plus de mode, et l'on a raison de rejeter un genre trop éloigné de la nature. Plus j'ai senti le défaut de ce genre, plus je me suis attaché à le soutenir par le stile. Le temps et le travail n'y ont pas été épargnés. Ces deux pièces n'en sont peut-être pas meilleures ; mais je les joins à ce recueil, parce que l'enfant que l'on chérit le mieux est toujours celui qui a pensé mourir.

Les ouvrages dont je viens de parler composent tout mon petit théâtre. Le rôle d'Arlequin le rend plus difficile qu'un autre à représenter dans les provinces, où presque toujours les troupes manquent d'Arlequin. Quoique ce rôle perde beaucoup sans l'habit et le masque, on peut cependant le remplacer par un Lubin semblable à celui de la SECONDE SURPRISE DE L'AMOUR. C'est à peu près le même caractère; et l'épreuve en a été faite en plusieurs villes, où tous mes Arlequins ont

été joués avec succès par des Lubins. On aurait encore moins de peine à faire du bon
père un bourgeois qui s'appellerait monsieur
Mondor.

C'est à ce court recueil que je borne ma
carrière dramatique : je la trouve trop difficile pour mon faible talent. J'ai fait de mon
mieux : je n'ai pas trop bien fait ; c'est une
raison de plus pour me reposer. Je me suis
hasardé sur une mer orageuse avec une petite nacelle ; c'est une imprudence. Heureusement ma nacelle, après deux ou trois coups
de vent, est rentrée saine et sauve dans le
port ; j'en remercie le ciel, et je n'ai rien de
mieux à faire que d'offrir mon petit bateau
en actions de grâces au dieu qui m'a sauvé ;
ce dieu est le public ; ce recueil est ma
nacelle.

LES

LES DEUX BILLETS,
COMÉDIE
EN UN ACTE ET EN PROSE,

Représentée pour la première fois sur le théatre Italien, le mardi 9 février 1779.

PERSONNAGES.

ARLEQUIN, amant d'Argentine. — ARGENTINE. — SCAPIN, rival d'Arlequin.

La scène est à Paris, dans une place publique où l'on voit la maison où demeure Argentine.

SCÈNE PREMIÈRE.
ARLEQUIN, *seul*, *un billet à la main*.

Voici la première fois que je suis bien aise de savoir lire. Quel bonheur ! elle m'aime. J'en suis sûr à présent ; elle l'a dit, elle l'a écrit, et Argentine ne peut pas mentir : elle a la bouche trop jolie et la main trop blanche pour tromper. Relisons encore son billet. (*Il lit*). « Sois tranquille, mon bon ami, ton « rival ne doit te donner aucune inquiétude, « Je t'aime. : Je t'aime !... Je n'ose pas bai-

ser ce mot-là, de peur de l'effacer. (*Il continue de lire.*) « Mon cœur est à toi pour tou-
« jours : tu auras ma main quand tu voudras. »
Quand je voudrai ! Je ne fais que le vouloir
depuis que je la connais. Ma chère lettre ! ma
bonne lettre ! (*Il la baise*). Allons, plus
d'inquiétude. Ce coquin de Scapin m'offus-
quait. Il fait semblant d'aimer Argentine ; et
souvent ces amoureux menteurs ont de
l'avantage sur les amoureux qui parlent vrai.
Heureusement Argentine n'est pas de cet
avis-là. Allons la remercier, et prendre jour
pour notre mariage. Ah ! comme il fera beau
ce jour-là. (*Il va et revient.*) Il y a pourtant
quelque chose qui me chagrine : Argentine
a du bien ; je n'ai rien, moi : je voudrais être
riche, ou qu'elle fût pauvre. Quand il y a,
comme cela, de l'argent d'un côté, et qu'il
n'y a que de l'amour de l'autre, je ne sais
pas, mais cela ne va jamais si bien que lorsque tout est égal et qu'il y a amour contre
amour. J'ai beau faire, je ne peux pas devenir riche : tous les mois je mets mes gages à
la loterie ; mes numéros restent toujours au
fond du sac. J'en ai encore pris trois pour ce

tirage-ci, les voilà : (*Il tire un billet de lote-*
rie.) 7, 19, 48. J'ai mis six francs sur ce terne-là : s'il sort, ma fortune est faite, et je
l'offre à ma chère Argentine : s'il ne sort
pas, au premier tirage je prendrai tous les
numéros, nous verrons s'il en sortira un. En
attendant, allons trouver Argentine... Mais
voici Scapin, cachons ma lettre, et attendons qu'il soit parti. (*Arlequin met ses deux*
billets dans la même poche.)

SCÈNE II.

ARLEQUIN, SCAPIN.

SCAP. Bonjour, Arlequin.

ARLEQ. Serviteur, Monsieur.

SCAP. Comment, Monsieur! tu me parles toujours comme si tu étais fâché. Je ne
te ressemble pas, moi; et....

ARLEQ. Oh! je sais fort bien que nous
ne nous ressemblons guère.

SCAP. Mais tu n'y penses pas, mon ami:
parce que nous aimons tous deux la même
personne, faut-il que nous nous détestions?
Une femme ne vaut pas la peine que deux

honnêt e sgens se brouillent.

ARLEQ. D'abord, pour que deux hon-
nêtes gens puissent se brouiller, il faut qu'ils
soient tous deux honnêtes gens, et...

SCAP. Ah ! Monsieur Arlequin...

ARLEQ. Monsieur Arlequin ne vous aime
pas : je vous le dis franchement. Tout mon
bonheur dépend d'Argentine ; je ne sais
rien, je ne veux rien, je ne peux rien que
l'aimer : et vous, qui voudriez épouser son
argent, vous faites semblant de désirer sa
personne. Vous lui plairez peut-être plutôt
que moi ; car un homme qui n'est point
amoureux a toute sa tête pour plaire, au
lieu que moi je n'ai rien. Tout cela me tra-
casse ; je voudrais vous savoir loin d'ici.

SCAP. Mon cher Arlequin, il faut pourtant s'accoutumer aux rivaux : tu es un beau
garçon, sans doute ; mais il y a des gens cou-
rageux que cela n'effraie pas. Il faudrait bien
prendre ton parti, si Argentine ne rendait
pas justice à ton mérite.

ARLEQ. Je le prendrai, soyez tranquille.
Bon soir.

SCAP. Où vas-tu donc ?

ARLEQ. Je vais voir tirer la loterie.

SCAPIN. Elle est tirée, il y a plus d'une demi-heure. J'ai la liste dans ma poche, voici les numéros : 7, 20, 48, 12, 19.

ARLEQ. Que dis-tu ! Attends. (*Il tire son billet de loterie,*) 7 en est-il ?

SCAP. Oui.

ARLEQ. 19 aussi ?

SCAP. Oui.

ARLEQ. Et 48 aussi ?

SCAP. 48 aussi.

ARLEQ. Ah ! tu badines.

SCAP. Non ma foi ; regarde toi-même.

ARLEQ. Ma fortune est faite, mon terne est venu. Que d'argent je vais avoir ! C'est bon, mon mariage sera tout d'amour.

SCAP. Comment ! (*Il regarde le billet d'Arlequin.*) Il a ma foi, raison. Ce drôle-là est bien heureux.

ARLEQ. Il y avait long-tems que je guettais ce terne-là ; je suis sûr que j'ai passé près de lui plus de trente fois : à la fin je l'ai attrapé. (*Il remet son billet dans la même poche.*)

SCAP. *A part.* Si je pouvais accrocher ce billet-là !

ARLEQ. Adieu, je vais me faire payer ; car
je dois placer tout de suite cet argent , non
pas sur ma tête , mais sous les plus jolis petits
pieds du monde.

SCAP. Attends donc , tu ne sais seulement
pas où il faut aller pour te faire payer.

ARLEQ. Non.

SCAP. Écoute : je vais t'indiquer où demeure celui qui paie. (*Pendant tout le reste de
la scène , Scapin cherche à voler le billet
d'Arlequin, et celui-ci le dérange toujours.*)
Tu sais bien où est le Luxembourg ?

ARLEQ. Oui.

SCAP. Hé bien , c'est là que l'on paie.

ARLEQ. Au Luxembourg ?

SCAP. Oui... C'est-à-dire... Non... avant
d'y entrer , à droite , tu verras une porte cochère... Tiens... voilà le Luxembourg , là ,
à droite , il y a une porte cochère... jaune.

ARLEQ. Une porte jaune ?

SCAP. *Vîte.* Oui tu la reconnaîtras tout de
suite. Tu frapperas, l'on t'ouvrira; tu entres,
tu vois un escalier à gauche , tu montes ; tu
trouves au premier une petite porte grise, une
sonnette avec un pied de biche ; tu sonnes :

vient un domestique : Je demande à parler
à M. le directeur. Donnez-vous la peine
d'entrer. On te mène à son bureau, tu lui
montres ton billet. Vite de l'argent à monsieur, trente sacs de mille francs. Les voilà,
monsieur. Voulez-vous bien vous donner la
peine de regarder si le compte y est ? On peut
se tromper : voyez, voyez... (*Arlequin se
baisse et regarde par terre ; Scapin vole le
billet.*) On te prend ton billet:et tout est fini.

ARLEQ. Oh ! c'est clair. Vis-à-vis, porte
jaune, porte grise, pied de biche, domestique, l'escalier, trente sacs de mille francs,
voyez si le compte y est... C'est clair. J'y
cours tout de suite. Pardi ! sans toi j'aurais
été bien embarrassé ; je te remercie.

SCAP. Il n'y a pas de quoi. Bon soir, mon
ami ; n'oublie pas la porte jaune,

ARLEQ. Oh ! je la trouverai bien (*Il sort.*)

SCÈNE III.

SCAPIN, *seul.*

Si nous n'avions pas le soin d'y mettre
ordre, il n'y aurait que ces imbécilles-là

d'heureux. On a bien raison de dire que la fortune n'est que pour les bêtes : j'ai mis cent fois à la lotterie, jamais je n'ai pu attraper un lot ; voici le premier. De quel bureau est-il ? (*Il déplie le billet*) Ah ciel ! je me suis trompé : il faut être bien malheureux ! Comment ! je ne peux pas gagner à la loterie , même en volant les billets qui ont gagné ! celui-ci n'est plus qu'une lettre. (*Il lit*) « sois » tranquille, mon bon ami ; ton rival ne » doit te donner aucune inquiétude. Je t'ai- » me ; mon cœur est à toi pour toujours ; tu » auras ma main quand tu voudras. » Voilà qui est clair : ce billet est d'Argentine. Ah ! il aura sa main quand il voudra ! Cela n'est pas sûr : je vais tirer parti de ma gaucherie ; et , puisque j'ai manqué le billet de loterie , je ferai valoir celui-ci. (*Il frappe à la porte d'Argentine.*) Mademoiselle Argentine.

SCENE IV.

ARGENTINE , SCAPIN.

ARGENTI. Ah ! c'est vous, monsieur Scapin! SCAP. Oui , mademoiselle , toujours le même...

ARGENTI. Tant pis pour vous.

SCAP. Toujours malheureux, et ne vous en adorant pas moins.

ARGENTI. Vous êtes bien bon, car je ne vous en aime pas davantage.

SCAP. Je ne le sais que trop, mademoiselle; et j'en suis d'autant plus affligé, que ce sort-là n'est pas commun à tous vos amans. Il en est un que votre cœur a choisi, à qui vous écrivez des lettres bien tendres.

ARGENTI. Comment! que voulez-vous dire? Monsieur Scapin, vous avez grand tort de sortir de votre personnage ordinaire; il vaut encore mieux être ennuyeux qu'impertinent.

SCAP. Pardon, mademoiselle; je voulais vous parler d'une certaine lettre qui court le monde, et que les méchans prétendent que vous avez écrite à monsieur Arlequin. Je l'ai cette lettre; je vous la rapportais: mais je me garderai bien de rien dire, puisque ce serait manquer au respect que je vous dois.

ARGENTI. Vous me la rapportez! Ah! mon cher Scapin, expliquez vous, je vous supplie: s'il est vrai que vous m'aimez, vous jugez bien...

Scap. Sûrement, je vous aime , et j'espère qu'aujourd'hui vous reconnaîtrez vos injustices à mon égard. Vous connaissez mademoiselle Violette , qui demeure ici près ? Monsieur Arlequin en est amoureux ; et, pour lui donner une preuve certaine de son attachement , il lui a sacrifié un billet qu'il a dit être de vous. Le voici.

Argent. Ah ciel !

Scap. Mademoiselle Violette, qui ne vous aime pas , parce qu'elle n'est pas aussi jolie que vous, n'a rien eu de plus pressé que de confier ce billet à tous ses amis. Ce matin , en traversant le Palais-Royal , j'ai entendu des éclats de rire , et j'ai vu du monde attroupé; c'étaient M. Mezzetin, M. Trivelin, M. Pascariel , qui se passaient votre billet. L'un faisait une épigramme, l'autre disait un bon mot. J'avoue que je n'ai pas été le maître de ma colère ; vous me le pardonnerez bien : je m'en suis pris à tous les trois , sur-tout à Trivelin, qui était le possesseur du billet ; je l'ai menacé , il a eu peur, il me l'a rendu. Je vous le rapportais; et , pour prix de mon zèle, vous savez la manière dont vous m'avez reçu.

ARGENT. Je n'ose vous faire des excuses, ni vous remercier : j'ai trop à rougir de ce que je vous dois et de ce que j'ai fait pour un autre.

SCAP. Mademoiselle, le bonheur de ma vie aurait été de devoir votre cœur à vous-même, et non pas au désir de vous venger : mais je suis trop amoureux pour être si délicat, et je serai encore le plus heureux des hommes, si la perfidie d'Arlequin...

ARGENT. Ah! ne me parlez pas de lui; son nom seul me met en fureur. Si vous saviez jusqu'à quel point il a poussé la fausseté...

Non, il n'est pas possible de l'imaginer. Et moi, qui croyais si bien le connaître..... Jamais je ne me le pardonnerai, et je m'en souviendrai toujours pour le haïr davantage.

SCAP. Contenez-vous, car je l'entends.

ARGENT. Je ne veux pas le voir.

SCAP. Au contraire, restez pour le bien humilier et le punir comme il le mérite.

ARGENT. Jamais je n'y parviendrai.

SCÈNE V.

ARGENTINE, ARLEQUIN, SCAPIN.

ARLEQUIN, *sans voir Argentine.*

LE diable t'emporte avec ta porte jaune,

j'ai frappé à toutes les portes jaunes et à toutes les portes à droite , jamais je n'ai pu trouver un directeur. Viens me conduire toi-même... (*Il aperçoit Argentine.*) Ah ! vous voilà ! Que j'en suis bien aise ! je suis déjà venu vous chercher ; en m'en allant je vous cherchais encore ; par-tout je vous cherche toujours. J'ai tant de choses à vous dire! Mais , quand je vous vois, je ne m'en souviens plus ; quand je suis loin de vous , elles reviennent si vîte , que cela m'étouffe ; je crois que je n'aurai qu'un moyen de m'en souvenir : c'est de vous regarder les yeux fermés ; car autrement il m'est impossible de penser à autre chose qu'à vous voir. (*Argentine ne répond rien. Arlequin , après un long silence , se retourne vers Scapin.*) Va-t-en , toi ; tu nous gênes.

ARGENTI. Non, il peut rester, il ne me gênera pas.

SCAP. Après la manière dont mademoiselle s'est expliquée sur ton compte, après les assurances par écrit qu'elle t'a données de sa tendresse, il me semble que rien ne doit te gêner.

ARLEQUIN , *bas à Argentine.* Vous lui

avez

avez donc tout conté ?... Hé !... vous lui avez
tout dit ?... (*Scapin rit.*) Il a l'air de se dou-
ter de quelque chose. Monsieur Scapin, ex-
pliquons-nous, je vous en prie : vous aimez
mademoiselle Argentine ; n'est-il pas vrai ?

SCAP. Sans doute, je l'aime, elle le sait
bien.

ARLEQ. Eh bien ! moi, je l'aime aussi ; et
je n'aime pas qu'on l'aime. Ainsi, puisque
nous voilà devant elle, elle va nous dire quel
est celui de nous deux qui lui a le plus plu, à
condition que l'autre se retirera sans bruit,
et ne traversera plus l'heureux qu'elle aura
choisi : y consentez-vous, monsieur Scapin ?

SCAP. Touchez-là, monsieur Arlequin.
Souvenez-vous de ce que vous dites : mademoiselle va choisir, et celui qu'elle refusera
n'aura plus la moindre prétention.

ARLEQ. De tout mon cœur. (*Il rit*) Oh
qu'il est bête !

SCAP. Allons, mademoiselle, vous venez
d'entendre nos conventions ; c'est à vous à
nous juger.

ARLEQ. Oui, c'est à vous à nous juger.
(*A part*) O la bestiasse !

ARGENTI. *à part.* Je serai malheureuse ;
mais je veux me venger.

SCAP. Eh bien ! mademoiselle !

ARGENTI. Eh bien ! je vais m'expliquer.
Mon choix est fait depuis long-tems ; je l'ai
même écrit à celui que j'ai choisi : celui de
vous deux qui a un billet de moi n'a qu'à me
le montrer, je lui donne ma main.

ARLEQ. C'est clair, cela. (*Scapin fouille
dans sa poche.*) Oui ; cherche, cherche, tu
le trouveras... Le voici, ce billet, (*il tire le
billet de loterie*) le voici : ainsi, monsieur
Scapin, adieu, on n'aura plus l'honneur de
vous revoir.

ARGENTI. *vivement.* Voyons... C'est un
billet de loterie.

ARLEQ. Ah ! oui. Vous ne savez pas, le
bonheur m'a écrasé aujourd'hui ; j'ai gagné...
Mais où ai-je donc mis mon autre billet ?
Celui-là n'est pas le meilleur. L'aurais-je
perdu ?

SCAP. C'est peut-être moi qui l'ai trouvé.
Tenez mademoiselle, voilà un billet que je
crois de vous.

ARGENTI. *lit.* « Sois tranquille, mon bon
» ami. »

ARLEQ. Ah! c'est le mien qu'on m'a volé.

ARGENTI. Qu'on t'a volé ! Tu crois donc m'abuser jusqu'au dernier moment ? Non , traitre , je te connais. Va chez Violette , va lui porter mes lettres , lui dire que tu me sacrifies à elle , et reviens ensuite me jurer que tu m'adores ; ose y revenir , me parler, me regarder seulement. Traître, scélérat, tu m'as trompée ; mais tu ne m'abuseras plus , et ma vengeance ne s'en tiendra pas là. Et vous , Scapin , gardez ce billet ; j'ai promis ma main à celui qui en serait possesseur , je tiendrai ma parole , vous pouvez y compter.

(*Elle sort.*)

SCÈNE VI.

ARLEQUIN , SCAPIN.
(*Ils se regardent sans rien dire.*)
ARLEQUIN.

QUE veut dire tout ceci ? D'où vient que je n'ai pas mon billet ; que tu l'as , toi , et qu'à propos de rien Argentine me traite comme cela ?

SCAP. Je n'en sais rien, mon ami. Argentine

m'a donné elle-même ce billet, en me disant que c'était moi qu'elle voulait épouser.

ARLEQ. Mais ce billet est à moi ; je le reconnais bien : il est presque tout effacé, tant nous nous étions embrassés. Comment Argentine a-t-elle pu l'avoir ? elle m'a fait entendre que j'aimais Violette, moi qui n'ai jamais rien aimé dans le monde qu'Argentine ? Suis-je assez malheureux ! Ah ! je le disais bien ce matin, que j'étais trop heureux ; cela ne pouvait pas durer. Tu vas donc l'épouser, toi ?

SCAP. Mais oui, puisqu'elle le veut.

ARLEQ. Tiens, je te conseille de t'en aller ; car je pourrais fort bien te rosser de manière à retarder ton mariage. Tout ceci n'est peut-être qu'une friponnerie de ta part : je l'avais dans ma poche, ce billet ; et tu me l'auras volé.

SCAP. Ah ! mon ami, que tu me connais mal ! Tu avais dans la même poche un billet de loterie qui vaut dix mille écus ; assurément, si j'avais pu te voler, tu sens bien que je l'aurais pris de préférence.

ARLEQ. Plût à Dieu qu'on me l'eût pris,

et qu'on m'eût laissé ma lettre ! Que deviendrai-je à présent ? Elle ne m'aime plus, elle va en épouser un autre. (*Il pleure*). Ah ! ah ! je vais être tout seul dans le monde. Allons il faut tâcher de mourir avant que le mariage soit fait. (*Il pleure.*)

SCAP. Tu me fais pitié, mon ami ; et mon attachement pour toi l'emporte sur mon amour. Écoute : Argentine a promis d'épouser celui qui lui rapporterait son billet : je l'ai, ce billet ; je te le donnerai, si tu veux me donner celui de la loterie.

ARLEQ. Donne, donne vîte ; tiens, le voilà : de ma vie je n'ai fait une si bonne affaire.

SCAP. Ni moi non plus.

(*Ils changent de billet.*)

ARLEQUIN, *s'adressant à celui d'Argentine.*

Ah ! vous voilà donc, monsieur ! et pourquoi m'avez-vous quitté ? Petit ingrat, petit étourdi, parlez, irez-vous encore courir le monde ? Irez-vous encore vous mettre prisonnier chez les Arabes, afin que je paie votre rançon ? Ne vous en avisez plus, car je n'ai plus rien. Allons je veux bien vous pardonner vos fredaines ; embrassons-nous, (*il le baise*) et que tout soit fini.

Scap. Ah çà , le billet est à moi ?

Arleq. Eh ! sans doute : c'est dit , cela.
Je t'ai donné un billet au porteur , tu m'as
donné un billet au porteur ; je souhaite
seulement que le mien soit payé aussi aisément que le tien. Mais j'ai peur que ce
drôle-là ne décampe encore , je vais le re-
porter à sa maîtresse. Va-t-en , je t'en prie,
car je voudrais lui parler seul.

Scap. Oh ! cela est juste. Adieu , mon
ami : en vérité, je suis charmé de t'avoir fait
plaisir. Voilà comme je suis, moi, j'ai le cœur
tendre; jamais je n'ai pu résister à des larmes.

Arleq. Va, va te faire payer; ton cœur est
à cette porte jaune où l'on donne de l'argent.

Scap. *à part.* Cachons-nous au coin de la
rue ; pour voir comment il sera reçu.

SCÈNE VII.

ARLEQUIN, ARGENTINE, SCAPIN, *caché*,

Arleq. *frappe.* Qui est là ?

Argenti. *à la fenêtre.* Comment ! c'est
vous ! Vous osez encore regarder ma maison ! Vous espérez peut-être y entrer ?
Vous croyez...

Arleq. Non, je ne demande pas d'entrer, Vous êtes trop en colère ; je ne veux vous dire que quatre mots : donnez-vous la peine de descendre, et...

Argenti. Je ne veux rien entendre : laissez-moi en repos, et délivrez-moi de votre odieux visage. (*Elle ferme la fenêtre.*)

Scap. *à part.* Bon; je vais me faire payer, et je reviens trouver Argentine : j'espère bien l'épouser et avoir les dix mille écus.

SCÈNE VIII.

ARLEQUIN, *seul.*

Je suis bien malheureux! je ne pourrai seulement pas lui montrer mon billet! Si je perds ce moment-ci, tout est perdu ; car ce coquin de Scapin va revenir, et il sera toujours ici. Allons du courage ; je sens que j'étouffe, que je crève de chagrin : mais il faut remettre ma mort à ce soir. Voyons encore... (*Il frappe.*) —— Qui est là ?

SCÈNE IX.

ARLEQUIN. ARGENTINE, *à la fenêtre.*

Argenti. Encore vous !

ARLEQ. Ne vous fâchez pas : je ne demande plus de causer avec vous, puisque vous ne le voulez pas ; mais je vous prie seulement de reprendre votre billet.

ARGENTI. Mon billet ! Comment ! c'est vous qui l'avez ? Mais ce malheureux billet court le monde ! Attendez, je descends.

ARLEQ. Ah ! je commence à reprendre un'peu d'espoir. Je n'ai rien à me reprocher; je l'aime, je l'ai toujours aimée, elle m'a aimé : quand on consent à écouter quelqu'un qu'on a aimé et qui nous aime, c'est qu'on a envie de le croire... La voilà.

ARGENTI. Souvenez-vous que je ne veux point d'explication sur le passé. Dites-moi seulement comment il se fait que vous ayez mon billet.

ARLEQ. Tenez, le voilà ; il est bien à moi, il fait toute mon espérance et tout mon bonheur : mais, comme le bonheur ne vaut rien quand on est heureux sans votre permission, je vous le rendrai, si vous ne consentez pas que je le garde.

ARGENTI. Non, assurément, je n'y consentirai pas. (*Elle prend le billet.*) Vous en avez usé d'une manière si indigne ! aller sacrifier mon billet à une autre femme !

ARLEQ. Une autre femme ? Ah ! mon cœur m'est témoin qu'il n'y a pour moi qu'une femme dans le monde ; et quand je prends mon cœur à témoin, c'est tout comme si je vous prenais vous-même.

ARGENTI. Mais enfin, hier je vous envoyai ce billet, et aujourd'hui Scapin me l'a rapporté.

ARLEQ. Scapin vous l'a rapporté ? Voyez le coquin ! il m'a dit que c'était vous qui le lui aviez donné. Je suis sûr à présent qu'il me l'a volé.

ARGENTI *à part*. Scapin en est bien capable. Ah ! que je voudrais qu'il dît vrai !

ARLEQ. Mais songez donc qu'il y a deux ans que je vous aime ; que vous m'avez toujours vu le même. Croyez-vous que j'aurais pu me déguiser si long-tems ? Ma bonne amie... (*Argentine le regarde sévèrement*) Mademoiselle, pardonnez-moi d'avoir été volé.

ARGENTI. Mais comment se fait-il que vous avez ce billet ? Qui vous l'a donné ?

3.

ARLEQ. La loterie.

ARGENTI. La loterie ! Est-ce que l'on a mis mon billet à la lotterie ! Scapin l'avait tout à l'heure ; il vous l'a donc rendu ?

ARLEQ. Non pas rendu, mais vendu.

ARGENTI. Expliquez-vous.

ARLEQ. Tenez, il faut tout vous dire : j'avais gagné ce matin un terne de six francs à la loterie...

ARGENTI. Un terne de six francs ! cela fait une somme prodigieuse.

ARLEQ. Oui, ils disent que cela fait beaucoup d'argent. Heureusement je n'étais pas encore payé. Scapin, voyant que je me désolais, m'a proposé de troquer mon billet de loterie contre votre billet.

ARGENTI. *vivement.* Et tu l'as fait ?

ARLEQ. J'aurais encore donné du retour, s'il m'en avait demandé.

ARGENTI. *l'embrasse.* Mon cher ami, va, tu es innocent ; je t'aimerai toute ma vie ; ce dernier trait me fait sentir ce que tu vaux.

ARLEQ. Comment diable ! vous estimez donc bien les gens qui font de bons marchés?

ARGENTI. Je te demande pardon de ne pas

t'avoir connu: garde mon billet; je te répète,
je te jure que je t'aime, que je n'aimerai jamais que toi, et dès ce soir nous serons époux.

ARLEQ. Vous me raimez ! Ah ! quelle
joie ! (*Il lui baise la main.*) Tiens, ma bonne amie, ne me le répète plus, il m'arriverait
encore quelque malheur. Laisse-moi te regarder, je le verrai bien sans que tu me le
dises.

ARGENTI. Va, ton bonheur est certain, du
moins tant que mon cœur te suffira.

ARLEQ. Ah ! comme il y a long-tems que
tu n'as parlé comme cela ! Ecoute, fais-moi
le plaisir de me dire comment il y a là. (*Il
lui montre la lettre.*)

ARGENTI *lit.* « Je t'aime. «

ARLEQ. (*lazzis.*) Hé ! comment dis-tu ?

ARGENTI. « Je t'aime. «

ARLEQ. Voyons que je lise aussi, moi. Je
je (*Il épelle.*) t a ta, i m e, aime, t'aime,
je t'aime, je t'aime... Ce mot-là est trop
court, je voudrais qu'il tînt tout l'alphabet.

ARGENTI. Je te le dirai toute ma vie. Mais
laisse-moi m'occuper de te faire rendre le
billet qu'il t'a volé.

ARLEQ. Quoi ? quel billet ?

ARGENTI. Ton billet de loterie.

ARLEQ. Oh ! non , ma bonne amie , le marché est fait ; tiens , n'en parlons plus : il voudrait peut-être revenir là-dessus , et ravoir celui-ci. Non , non , tout est fini : tu m'aimes... ma fortune est faite.

ARGENTI. Si... j'entends Scapin. Cache-toi dans notre maison , et n'en sors que lorsque je t'appellerai.

ARLEQ. *entrant dans la maison.* Appelle-moi donc bien vite.

ARGENTI. Oui , oui , laisse-moi faire.

ARLEQ. *revenant.* M'as-tu appelé ?

ARGENTI. Eh ! non, mon ami ; cache-toi donc , le voici : le fripon tient encore le billet.

SCÈNE X.

ARGENTINE, SCAPIN.
SCAPIN , *le billet à la main.*

CES diables de directeurs vous renvoient toujours au lendemain... (*Il aperçoit Argentine , et met le billet dans sa poche.*) Ah! j'allais chez vous , ma belle Argentine.

ARGENTI. Je suis aussi bien aise de vous rencontrer. Vous ne savez pas ce qui s'est passé pendant votre absence.

SCAP. Non ; qu'est-il arrivé ?

ARGENTI. Ce malheureux Arlequin a eu l'insolence de se présenter chez moi, je l'ai reçu de manière à lui ôter l'envie de revenir..

SCAP. *riant*. J'ai vu tout cela, mademoiselle : j'étais au coin de la rue lorsque vous avez fermé votre fenêtre sans vouloir l'entendre. Mais parlons de quelque chose qui m'intéresse d'avantage : vous savez bien la promesse que vous m'avez faite tantôt.

ARGENTI. *à part*, Bon (*Haut.*) Oui, je vous tiendrai parole ; mais je suis bien aise de m'expliquer auparavant avec vous. Je prends un époux pour être aimée; ainsi, mon cher Scapin, si vos sentimens pour moi sont bien sincères, j'espère que vous ferez mon bonheur. Grâce aux bontés de ma jeune maîtresse, mademoiselle Rosalba, je suis riche, et je n'exige pas que mon époux le soit ; je veux lui donner mon cœur et tout mon bien, et je ne lui demande que son amour. Dites-moi donc bien franchement si vous m'aimez, et si vous m'aimez uniquement.

SCAP. Ah! mademoiselle, je voudrais savoir tous les sermens possibles pour vous jurer que toute ma vie...

ARGENTI. Ecoutez. Je suis méfiante : en venant ici, vous aviez un papier à la main, que vous avez caché avec soin ; je suis sûre que c'est une lettre de femme.

SCAP. Une lettre de femme! moi ! Je peux vous répondre....

ARGENTI. Je veux que vous me la donniez, je l'exige ; autrement il faut renoncer à moi. Mademoiselle Violette a bien trouvé un amant qui lui sacrifiait mes billets ; je veux être aussi heureuse que Mademoisselle Violette.

SCAP. Il me sera difficile de vous satisfaire; car, dans tous le cours de ma vie, jamais femme ne m'a écrit.

ARGENTI. Ceci est un détour pour ne pas me montrer le papier que vous teniez à la main ; et votre refus me confirme ce que je pensais.

SCAP. Assurément je voudrais que vous missiez mon amour à des épreuves plus difficiles. Vous allez être bien étonnnée quand

Vous verrez que ce n'est qu'un billet de loterie. (*Argentine s'en saisit.*)

ARGENTI. Je le tiens donc, et j'ai trompé
le plus fourbe des hommes. Arlequin ! Arlequin !

SCÈNE XI.

ARLEQUIN, ARGENTINE, SCAPIN.

ARLEQ. Quoi ? Qu'y a-t-il ? Vous a-t-il
volé quelque chose ?

ARGENT. Non, mon ami; j'ai au contraire
rattrapé ton billet. Le voilà : tu es à présent
le plus riche de nous deux, et c'est moi dont
tu fais la fortune. Et vous, Monsieur Scapin,
qui me croyez votre dupe, et qui êtes la
mienne, je vous exhorte à faire toujours
d'aussi bons marchés que celui que vous aviez
fait. Mais il faut apprendre à mieux conserver le fruit de votre habilité. Adieu : nous
allons nous marier, et jouir de nos richesses.

ARLEQ. Ce pauvre diable ! il me fait pitié. Ecoute, Scapin, madame a besoin d'un
laquais; si tu veux nous te donnerons la
préférence.

ARGENTI. Ah! pour cela non: il n'est pas

assez fidèle Adieu, monsieur Scapin. Monsieur Pandolfe, le père de ma maîtresse, retourne à Bergame dans peu de jours; Arlequin et moi nous l'y suivrons. Si vous avez
quelque commission à nous donner pour ce
pays-là, nous nous en chargerons volontiers : mais, si vous voulez réussir dans celui-ci, souvenez-vous bien qu'il ne faut
jamais brouiller deux amans, parce qu'ils se
raccommodent toujours aux dépens de celui
qui les a brouillés.

                              (*Ils sortent*)

SCÈNE XII.

SCAPIN, *seul.*

CE qui me console, c'est que je n'ai rien
risqué du mien ; et je pouvais beaucoup
gagner.

FIN.

LE BON MÉNAGE.

OU

LA SUITE DES DEUX BILLETS,
COMÉDIE

EN UN ACTE ET EN PROSE,

Représentée devant leurs Majestés par les Comédiens Français et Italiens ordinaires du Roi, le samedi 28 décembre 1782.

PERSONNAGES.

ARLEQUIN, bourgeois de Bergame. — ARGENTINE, femme d'Arlequin. — DEUX ENFANS d'Arlequin et d'Argentine, de l'âge de six à sept ans — L'AINÉ.—LE CADET.— ROSALBA.—MEZZETIN.

La scène est à Bergame, dans la maison d'Arlequin.

Le théâtre représente une chambre meublée très-simplement, où l'on voit les portraits d'Arlequin et d'Argentine. Argentine, assise, festonne : ses deux enfans, sur des tabourets, sont à ses côtés : l'un feuillète un livre pour en voir les estampes; l'autre joue avec un jeu de cartes.

SCÈNE PREMIÈRE.

ARGENTINE, SES DEUX ENFANS.
LE CADET, *montrant à sa mère un châ-*
teau de cartes.

MAMAN, regardez donc.

ARGENTI. Cela est fort joli, mon ami.

L'AINÉ. Voyons. (*Il souffle dessus*, et
le renverse ; puis il rit. Ah, ah, ah.

LE CAD. Maman dites donc à mon frère
de me laisser tranquille : il faut que je re—
commence tout.

ARGENTI. Pourquoi tourmenter votre
frère ? Vous ne voulez pas qu'il s'amuse ?

L'AINÉ. Bah ! c'est un enfant ; il s'amuse
à des bêtises.

ARGENTI. Effectivement, vous avez un an
de plus que lui, et vous êtes un habile
garçon !

L'AINÉ. Je m'instruis, moi ; je regarde
des images. Quelle est celle-là, maman, où
une femme présente à un aveugle un petit
monsieur habillé comme un chevreau ?

ARGENTI. C'est une mère qui se sert
d'une ruse pour faire donner l'héritage à

son fils cadet, parce qu'il était plus doux
et plus aimable que l'aîné.

Le cad. *voulant voir l'estampe*, Ah !
voyons donc, mon frère : elle est bien jolie,
cette image-là.

L'aîné, *tournant le feuillet*. Non, elle
n'est pas jolie.

Le cad. Maman, où est donc mon papa ?

Argenti. Il est sorti pour des affaires.

Le cadet. Je suis bien sûr qu'il nous
rapportera des joujoux.

L'aîné. Oui, pour moi.

Le cadet. Pour moi aussi.

L'aîné. Oh ! savoir.

Le cadet. Oh ! c'est tout su.

L'aîné. J'entends quelqu'un ; c'est peut-
être lui. (*Ils courent et reviennent.*) Non,
c'est mademoiselle Rosalba.

(*Argentine se lève, et va au-devant d'elle.*)

SCENE II.
ARGENTINE, ROSALBA.,
LES ENFANS,

Argenti. C'est vous, mademoiselle ! vous
avez la bonté....

ROSAL. Es-tu seule, ma chère amie ?

ARGENTI. Oui, mon mari vient de sortir. Avez-vous quelque chose à me dire ?

ROSAL. Assurément : fais retirer tes enfans, je t'en prie.

ARGENTI. Allez-vous-en tous deux dans l'autre chambre, et ne vous battez pas.

(*Ils s'en vont.*)

SCÈNE III.

ROSALBA, ARGENTINE.

ROSAL. Lélio est de retour ; il est dans la ville.

ARGENTI. Comment le savez-vous ?

ROSAL. Par la dernière lettre qu'il m'a écrite sous ton adresse, et que tu m'as remise hier, il m'annonce qu'il doit arriver aujourd'hui à Bergame : et je n'oserai le voir ! Ah ! ma chère Argentine ; qu'il est affreux pour une femme sensible de ne pouvoir pas voler au-devant de son mari, après trois mois d'absence !

ARGENTI. Cela n'est que trop simple, lorsque l'on s'est marié à l'insçu de son père.

ROSAL. Ah ! tu sais que c'est ma tante qui

à tout fait Elle a connu le mérite de Lélio ; elle a été touchée de notre amour. Après avoir fait inutilement tous les efforts possibles pour obtenir le consentement de mon père, elle a pris sur elle de m'unir secrètement au seul homme que je pouvais aimer.

ARGENTI. Je sais tout cela, mademoiselle : mais madame votre tante est morte, et monsieur votre père ignore toujours votre mariage : je suis la seule, à présent, chargée de ce grand secret, et je n'ose vous dire combien je suis fâchée d'être la seule. Ma chère maîtresse, je vous dois tout : élevée auprès de vous dans la maison de monsieur votre père, vous m'avez dotée, vous m'avez mariée à un époux qui fait le bonheur de ma vie, je tiens tout de vous seule, et je suis obligée de faire aveuglément tout ce que vous désirez : jusqu'à présent, vous avez reçu, sous mon adresse, les lettres de M. Lélio ; je n'ai jamais osé confier à mon mari que je vous rendais ce service : mais enfin...

ROSAL. Garde-t'en bien, ma chère Argentine ! Arlequin n'a point de raisons pour m'être attaché, il en a mille pour l'être à

mon père : c'est mon père qu'il a servi ; et
son respect pour son ancien maître lui ferait
trahir mon secret. D'ailleurs, je connais ton
mari; aussi babillard qu'honnête homme, il
n'imagine pas que l'on puisse cacher quelque
chose. Tout serait perdu s'il était instruit. Je
te supplie donc, ma chère Argentine, par la
tendre amitié que j'ai toujours eue pour toi,
de me jurer ici de nouveau que, quelque
chose qui puisse arriver, tu ne révéleras jamais mon secret à ton mari.

ARGENTI. Je vous en donne ma parole,
quoi qu'il m'en coûte pour vous la donner.
Votre cœur doit comprendre aisément combien il est douloureux de cacher la moindre
chose à un époux que l'on aime : c'est une espèce de mensonge qui fait rougir et souffrir.
Je vous conjure, ma chère maîtresse, de faire
cesser la peine et l'inquiétude où je suis. Vous
ne doutez pas de mon zèle, vous connaissez
ma tendresse pour vous... passez-moi ce ter-
me, on n'offense personne en l'aimant, vous
êtes bien certaine que je ferai toujours tout
ce qui pourra vous plaire ; mais cela même
vous oblige d'être prudente pour nous deux.

ROSAL. Je le serai, ma chère amie, et j'ai grand besoin de l'être : car enfin il faut t'avouer que je porte dans mon sein un gage de mon amour.

ARGENTI. Je n'ose m'en réjouir : mais, si tout le monde le savait, j'en pleurerais de joie.

ROSAL. Je te demande un dernier service. Lélio doit être arrivé ; je suis sûre que son impatience va lui faire tout hasarder pour me voir : va le trouver, va lui dire que je le supplie, que je lui ordonne de ne pas sortir de chez lui avant qu'il ait reçu de mes nouvelles Cela est important pour le succès de mes projets. Tu lui diras que je souffre autant que lui de ne le pas voir ; que je l'aime plus que ma vie ; que...

ARGENTI. Oui, oui, mademoiselle ; avant de lui dire ce que vous vuolez qu'il sache, je lui dirai tout ce qu'il sait. Je comprends cela à merveille ; dès que mon mari sera rentré, j'irai parler à M. Lélio.

ROSAL. J'ai encore une prière à te faire. Mon père est dans l'usage de me donner, pour en disposer à ma volonté, le vingtième de tous les profits un peu considérables qu'il fait dans son commerce. Il vient de gagner cent mille écus ; et ce matin il m'a apporté quinze mille francs, dont je suis maîtresse absolue. Tu ne devines pas ce que j'en veux faire ?

ARGENTI. Non.

ROSAL. Si je ne te devais pas tant, je serais bien plus hardie à te les offrir.

ARGENTI. A moi ?

ROSAL. Oui, ma bonne amie : ajoute ce plaisir à tous ceux que je te dois : souffre que cette bagatelle soit mise en rente viagère sur ta tête : j'ai déjà donné des ordres à mon notaire, et je t'enverrai ce soir ton contrat.

ARGENTI. Ma chère maîtresse, je n'ose ni accepter ni refuser votre bienfait ; mais...

ROSAL. Si tu me refuses, je ne veux plus de tes services.

ARGENTI. Ecoutez. Je suis heureuse, je ne manque de rien, et j'ai déjà, grâce à vous, assuré le sort de mes enfans. Si mon mari venait à me perdre, il ne serait pas à son aise ; que ce soit lui qui profite de vos bienfaits : mon cœur et ma délicatesse y trouveront mieux leur compte.

ROSAL. A la bonne heure ; je vais dès ce
moment

moment tout arranger selon tes intentions.
Adieu, ma chère Argentine : c'est aujour-
d'hui que j'ai reçu de toi la plus grande
marque d'amitié.

SCÈNE IV.

ARGENTINE, *seule.*

Je donnerai ma vie pour la voir heureuse ;
mais nous ne le serons jamais tant que son
père ne saura pas tout. Mes enfans, revenez.

(*Les deux enfans reviennent.*)

SCÈNE V.

ARGENTINE, LES ENFANS.

Argenti. Avez-vous été bien sages ?

L'aîné. Oh ! oui, maman ; car nous
nous sommes bien ennuyés.

Le Cadet. Mon papa tarde aujourd'hui
bien long-tems.

Argenti. Il va rentrer.

L'aîné. Ah ! pour le coup, maman ; c'est
lui, je l'entends.

SCÈNE VI.

ARLEQUIN, ARGENTINE, LES DEUX ENFANS.

(Arlequin arrive avec un petit tambour d'enfant à la ceinture, sur lequel il bat d'une main ; de l'autre il joue d'une petite trompette de bois. Il fait deux ou trois fois le tour du théâtre.)

LES DEUX ENFANS, *courant après lui.*

Ah ! papa, papa, c'est pour nous ?

ARLEQ. *à sa femme.* Veux-tu danser une contre-danse à quatre ?

ARGENTI. Non mon ami.

ARLEQ. *à son aîné.* Tiens, le tambour est pour toi, la trompette, pour ton frère.

LES DEUX ENF. *l'embrassant.* Bien obligé, mon papa. (*Ils se retirent au fond du théâtre, où ils ont l'air de troquer leurs joujoux, tandis qu'Arlequin cause avec sa femme.*)

ARLEQ. *à sa femme, en lui donnant un sac d'argent.* Tiens, voilà pour toi : car il faut bien t'apporter aussi quelque chose ; tu es le plus grand enfant de la maison.

ARGENTI. Qu'est-ce que cela, mon ami ?

ARLEQ. Ce sont ces cinquante écus que nous prêtames à ce pauvre homme que l'on allait arrêter pour ses dettes : il a travaillé pour gagner cet argent-là pendant le tems qu'il aurait passé en prison à ne rien faire : de sorte qu'il est quitte avec nous, avec son créancier ; nous avons fait une bonne action. et personne n'y a rien perdu que le geolier.

ARGENTI *prenant le sac.* A te dire vrai, je n'y comptais guère.

ARLEQ. En ce cas-là, serre-les pour les prêter à un autre. J'ai encore été chez.... (*Les enfans font du bruit avec leur tambour.*) Taisez-vous donc, vous autres; on ne s'entend pas. J'ai été chez ta cousine : elle se plaint de toi ; elle dit qu'on ne te voit jamais, que tu es toujours renfermée avec tes enfans ou ton mari, que tu ne penses à rien dans le monde qu'à tes enfans et à ton mari : il faut convenir qu'elle a raison ; je suis juste, moi. (*Le bruit redouble.*) Mais voilà des enfans bien bruyans !

ARGENTI. Pardi! pour les faire jouer doucement, tu leur apportes un tambour et une trompette. (*Les enfans continuent.*)

ARLEQ. *aux enfans.* Allez-vous-en bat-
tre la générale de l'autre côté.

(*Les enfans s'en vont.*)

SCÈNE VII.
ARLEQUIN, ARGENTINE.

ARGENTI. Vas-tu rester ici, mon ami

ARLEQ. Oui ; pourquoi cela ?

ARGENTI. C'est que j'ai à sortir.

ARLEQ. Où vas-tu ?

ARGENTI. Faire une commission pour mademoiselle Rosalba.

ARLEQ. Qu'est-ce que c'est que cette
commission ?

ARGENTI. Je ne peux pas te le dire, elle
me l'a défendu.

ARLEQ. Voilà, par exemple, un de tes
avantages sur moi ; tu sais garder un secret ;
moi, je ne le sais pas. Aussi je te confie tous
les miens, pour qu'ils soient en sûreté.

ARGENTI. Mon bon ami, tout ce que je
pense t'appartient ; mais tu n'ignores pas les
obligations que j'ai à mademoiselle Rosalba :
c'est elle qui nous a mariés. Il me semble
qu'après un tel bienfait je suis obligée de faire

tout ce qu'elle exige, même de te cacher quelque chose.

ARLEQ. Ah! je me doute de ce que c'est. J'ai vu ce matin M. Pandolphe; il m'a dit qu'il avait donne quinze mille livres à sa fille pour en faire ce qu'elle voudrait. Mademoiselle Rosalba a le meilleur cœur du monde; et, quand on a un bon cœur et de l'argent mignon, on a toujours des petites choses à faire en cachette.

ARGENTI. *à part.* Hélas! (*Haut.*) mon ami, ne parlons plus de cela, je t'en prie. Quand bien même tu devinerais, je serais obligée de te mentir; et tu ne voudrais pas que ma reconnaissance pour mademoiselle Rosalba me coutât si cher.

ARLEQ. Allons, va-t'en; je resterai avec les enfans. Les as-tu fait lire aujourd'hui?

ARGENTI. Oui.

ARLEQ. C'est bon; je les ferai jouer, moi. Allons, va-t'en donc.

ARGENTI. Adieu, mon ami.

ARLEQ. Allez-vous-en, madame, et re-viens vîte, au moins. Quand je cours la ville, je me passe de toi; mais je ne peux

4.

plus m'en passer dès que je ne cours plus ;
entends-tu ? (*Il l'embrasse. Elle sort.*)

SCÈNE VIII.
ARLEQUIN , *seul.*

Cette mademoiselle Rosalba lui donne
souvent des commissions , et elle ne m'en
donne jamais , à moi. Cependant elle sait
bien avec quel plaisir je troterais pour elle....
Ah ! c'est qu'elle aime mieux ma femme que
moi : elle a raison , j'en fais bien autant.....
Oh ! Arlequinet , venez-vous-en ici me te-
nir compagnie ; mais laissez votre tambour.

SCÈNE IX.
ARLEQUIN , LES DEUX ENFANS.

Arleq. Avez-vous bien lu , ce matin ?

L'aîné. Oh ! oui , mon papa.

Arleq. Votre maman a-t-elle été contente de vous ?

Le cad. Elle a dit que oui , mon papa.

Arleq. Vous ne l'avez pas fait enrager ?
elle ne vous a pas grondés ni l'un ni l'autre ?

L'aîné. Au contraire , mon papa , elle
nous a bien baisés.

ARLEQ. *les embrassant avec tendresse.*
Cela étant, venez me baiser aussi. (*Arlequin,
pendant tout ce couplet , a son visage tout
près et au milieu de ses deux enfans ; il les
baise presque à chaque parole.*) Quand
vous voudrez me rendre bien heureux, vous
n'avez qu'à rendre votre mère bien contente.
Elle en sait plus que nous trois, voyez-vous ;
ainsi nous ne devons être occupés que de
faire tout ce qu'elle veut. Nous y trouverons
son plaisir d'abord, et puis notre bien ; c'est
tout ce qu'il nous faut , n'est-il pas vrai ?

L'AÎNÉ. Oui , mon papa. Mais puisque
nous avons été bien sages , vous voudrez
bien nous conter quelqu'un de ces beaux
contes que vous savez.

LE CAD. Ah ! oui , mon papa.

ARLEQ. Volontiers : aussi bien nous nous
ennuyons quand elle nous laisse seuls ; cela
nous fera passer le temps. Allons , asseyons-
nous. (*Il s'assied par terre , et fait asseoir
un enfant sur chacune de ses jambes ; les
deux petits garçons écoutent attentivement.*)
Il y avait une fois un roi et une reine qui
s'aimaient beaucoup , et que tout le monde

aimait.... Ceci n'est pas un conte, au moins.

LE CADET. Oh ! nous vous croyons bien, mon papa.

L'AÎNÉ. Nous vous croyons comme si nous le voyions.

ARLEQ. La reine était aussi belle que le roi était bon , mais ils n'avaient point d'enfans , et cela leur faisait du chagrin. Un jour que la reine était toute seule dans sa chambre , elle entendit du bruit dans la cheminée. (*Les enfans se serrent contre leur papa, qui retire aussi ses jambes , et continue avec la voix moins assurée.*) La reine eut un peu peur : elle regarde, et voit descendre un beau petit carrosse, traîné par six petits épagneuls verts avec les oreilles lilas. Dans le petit carrosse était une petite vieille fée qui n'avait pas un pied de haut , et qui dit à la reine : Madame la reine , vous aurez un enfant, si vous voulez consentir à devenir laide et vieille. Pourvu que mon mari m'aime toujours, répondit la reine , j'y consens de tout mon cœur. Je suis contente de vous, répondit la petite fée; non seulement vous aurez un enfant , mais vous en aurez deux , et vous n'en serez que plus belle. Après cette parole, les six petits épagneuls verts remontèrent la cheminée ventre à terre, et la reine eut effectivement un beau petit prince et une belle petite princesse, qui furent charmans, parce qu'ils ressemblèrent à leur mère.

L'AINÉ. Ah! mon papa, voilà une bien jolie histoire; mais elle est bien courte: vous devriez nous en raconter une autre.

LE CADET. Oh! oui, mon papa; encore une, s'il vous plait.

ARLEQ. Un moment. Je vous ai donné, il n'y a pas long-tems, un petit livre tout rempli d'histoires: vous m'aviez promis d'en apprendre quelqu'une par cœur? m'avez-vous tenu parole?

L'AINÉ. Oui, mon papa: j'en ai appris une bien belle.

ARL. Je crois que tu mens, car tu rougis.

L'AINÉ. Non, mon papa; et je vais vous la raconter si vous voulez.

ARLEQ. A la bonne heure. Tant que vous serez des enfans, mon métier est de vous amuser; mais quand la vieillesse m'aura rendu enfant aussi, il faudra que vous

m'amusiez à votre tour. Voilà pourquoi vous
devez vous y accoutumer de bonne heure.
Voyons cette histoire.

L'AINÉ. Ecoutez bien, mon frère. Il y
avait une fois deux petits garçons, jolis, jolis
comme...

ARLEQ. Comme vous deux.

L'AINÉ. Encore plus jolis que nous.

ARLEQ. C'est un peu fort.

L'AINÉ. Ces deux petits garçons avaient
une bonne mère, mais ils n'avaient pas un
bon père, et ce n'était pas comme nous.
(*Arlequin le baise.*) La mère de ces deux petits garçons était très-pauvre. Un jour qu'ils
étaient allés ramasser du bois pour leur
mère, ils trouvèrent une vieille femme qui
était tombée dans un fossé, et qui ne pouvait
pas s'en retirer. Sur le bord du fossé était
une belle poule blanche qui cloquetait, cloquetait, comme pour demander du secours
pour la vieille : les deux petits garçons se jet-
tent dans le fossé, et en retirent la bonne
femme. Aussitôt la poule blanche s'en va
pondre dans les chapeaux des deux petits
garçons un bel œuf d'or. La vieille, qui était

une fée, leur dit : Mes enfans, pour vous récompenser de ce que vous venez de faire, ma poule vous a déjà donné un œuf d'or : mais moi, je veux vous donner ma poule, à une condition cependant ; c'est que celui de vous deux qui l'aura, ne pourra pas donner de ses œufs à l'autre. L'aîné lui répondit : Madame, je ne veux point d'un trésor que je ne peux pas partager avec mon frère. Le cadet dit : Ni moi non plus, Madame. Mais il y a manière de nous arranger : donnez la poule à ma mère ; comme cela, nous l'aurons tous deux. Alors la bonne fée...

(L'on entend frapper.)

Le cad. Mon papa, on frappe.

Arleq. Je vais ouvrir. Allez dans votre chambre.

(Les enfans s'en vont.)

SCÈNE X.

ARLEQUIN, MEZZETIN.

Mezzet. N'est-ce pas ici, monsieur, que demeure une madame Argentine ?

Arleq. Oui, monsieur.

Mezzet. Est-elle chez-elle, monsieur ?

Arleq. Non, monsieur.

MEZZET. Peut-on l'attendre, monsieur ?

ARLEQ. Non, monsieur.

MEZZET. Vous êtes son domestique, monsieur ?

ARLEQ. Oui, monsieur ; son premier domestique.

MEZZET. Vous voudrez donc bien lui donner cette lettre de la part de M. Lélio, et vous prendrez le moment où elle sera seule. Vous entendez bien.

ARLEQ. Non, monsieur.

MEZZET. Je vous dis qu'il faut donner cette lettre à votre maîtresse, le plus secrètement que vous pourrez, parce que, entre nous, je crois que c'est une lettre d'amour; et peut-être que madame Argentine a quelque père ou quelque frère....Je n'en sais rien, moi ; je ne suis à M. Lélio que depuis huit jours : mais vous, vous devez être au fait.

ARLEQ. *surpris.* Au fait ?

MEZZET. Oui, sans doute. Vous m'entendez ? Prenez donc des précautions pour... Enfin, vous me comprenez.

ARLEQ. Je commence à vous comprendre.

MEZZET. Ah ça ! n'allez pas faire quelque

étourderie

étourderie : je vous ai tout confié, parce que vous savez bien qu'entre nous autres nous n'avons rien de caché, et que le secret de nos maîtres appartient toujours à toute la compagnie.

Arleq. Sans doute.

Mezzet. *S'en va et revient.* Je pense à une chose : allons attendre au cabaret le retour de madame Argentine.

Arleq. Je vous suis bien obligé ; je n'ai pas soif.

Mezzet. Ce sera donc pour une autre fois. Adieu, mon camarade. *Il s'en va.*

Arleq. *le rappelant.* Ecoutez donc, monsieur.

Mezzet. Quoi ?

Arleq. Êtes-vous marié ?

Mezzet. Oui, depuis long-tems.]

Arleq. Et votre femme est jolie ?

Mezzet. Très-jolie. Pourquoi cela ?

Arleq. Pour rien. (*il le salue*). Adieu, mon camarade.

(*Mezzetin sort.*)

SCÈNE XI.
ARLEQUIN , *seul.*

Ce domestique-là est sûrement menteur comme un laquais ; mais pourquoi M. Lélio écrit-il à ma femme ? Voilà bien l'adresse : A madame , madame Argentine. J'ai bien envie de la décacheter.... Non, ce serait manquer de respect à ma femme. D'ailleurs, si je n'y trouvais rien, je serais fâché de l'avoir décachetée, et si j'y trouvais quelque chose, j'en serais encore plus fâché. Il n'y a que du chagrin à gagner. Cependant..... Non... Il faut être plus que sûr avant de faire voir à sa femme qu'on la soupçonne. Attendons-la ; je lui donnerais cette lettre, et nous verrons ce qu'elle me dira.... Nous verrons.... La voici.

SCÈNE XII.
ARGENTINE, ARLEQUIN.

Argenti. Je n'ai pas été long-tems , mon bon ami ; du moins, j'ai fait ce que j'ai pu pour revenir tout de suite. Où sont nos enfans ?

ARLEQ. Ils sont de l'autre côté.

ARGENT. Comme tu es sérieux! Que t'est-il arrivé ?

ARLEQ. Je ne sais pas encore ce qui m'est arrivé.

ARGENT. As-tu reçu de mauvaises nouvelles ? Est-il venu quelqu'un ?

ARLEQ. Oüi , il est venu un domestique qui m'a laissé une lettre pour vous.

ARGENT. Pour moi ? Et que dit cette lettre ?

ARLEQ. Je n'en sais rien : la voilà.

ARGENT. *regardant.* Ah !...

ARLEQ. Reconnaissez-vous l'écriture ?

ARGENT. Oui.

ARLEQ. De qui est-elle ?

ARGENT. Elle est.... (*A part*) Que lui dirai-je ?

ARLEQ. Hé bien ,...... cela vous embarrasse ?

ARGENT. Mon ami , me crois-tu capable de te tromper ?

ARLEQ. Répondez-moi d'abord ; de qui est cette lettre ?

ARGENT. Je la crois de M. Lélio.

ARLEQ. Je le crois de même. Ouvrez-là.
La main vous tremble.

(*Argentine ouvre la lettre, et la lit avec
beaucoup d'émotion.*)

Hé bien ?

ARGENT. *lui donne la lettre.* Tenez, vous
allez me croire coupable, vous aurez le droit
de le penser; et cependant le ciel m'est témoin que c'est la vertu la plus pure, le sentiment le plus honnête , qui m'empêche de
me justifier.

ARLEQ. Voyons. (*Il prend la lettre en
tremblant.*) Cette lettre donne le frison à tout
le monde. (*Il la lit d'une voix altérée, jetant
de temps en temps des regards sur sa femme.*) « Ma chère amie, j'arrive, et j'ai besoin
» de toute ma raison pour ne pas voler dans
» tes bras. Si je ne craignais que de me per-
» dre, rien ne me retiendrait; mais je pourrais
» te compromettre, et mon amour même est
» moins fort que cette crainte. Il est si impor-
» tant pour nous de tromper celui qui détrui-
» rait notre bonheur ! le nom sacré qui
» l'attache à toi suffit à peine pour modérer
» ma haine. J'espère qu'un jour viendra, et

« ce jour n'est pas loin, où nous pourrons
« nous livrer publiquement à notre amour,
« et dévoiler à tous les yeux les liens qui
« nous attachent l'un à l'autre. Adieu; tâche
« de venir me voir, si tu peux échapper aux
« yeux du barbare qui te veille : je t'attends.
« Tu sais si je t'aime. Lélio. »

Et moi, je ne sais si je dors ou si je veille ;
mais si je dors, je fais un vilain rêve ; et si
je suis éveillé.... Oh! je le suis. (*Il relit
l'adresse.*) A madame Argentine. (*Il se
frotte les yeux.*) A madame Argentine.
Tenez, madame.

Argenti. Mon ami.

Arleq. Je ne le suis plus, votre ami :
Vous m'avez trompé ; et c'est d'autant plus
affreux, que je ne vivais que pour vous croire.
Comment ! vous qui me parliez toujours de
votre tendresse pour moi, vous qui étiez toujours pendue à mon bras ou à mon cou, vous
faisiez semblant de m'aimer pour mieux me
trahir! vous m'embrassiez pour m'empêcher
d'y voir clair! Voilà ce qui m'indigne le plus;
car je ne parle pas de mariage, ce n'est rien
cela auprès de l'amour.

ARGENTI. Hé bien !... (*à part.*) Non , je serai fidelle à ma bienfaitrice. (*haut.*) Je vous demande , je vous supplie de suspendre votre colère ; je me justifierai, soyez en sûr, et vous serez alors...

ARLEQ. *avec colère.* Comment vous serait-il possible de vous justifier? Vous sortez sans vouloir me dire où vous allez; un domestique apporte cette lettre ; il me recommande de vous la donner en secret.... Vous venez de l'entendre, cette lettre ; elle est claire; il n'y a pas une seule phrase, pas un seul mot qui ne dise intelligiblement que vous êtes une infidelle. Elle est bien pour vous cette lettre; voilà votre nom , le voilà ; je le vois , je le lis ; je n'ai pas le bonheur d'être aveugle. M. Lélio vous y donne un rendez-vous , où vous avez couru, même avant de le recevoir; car vous venez de chez M. Lélio , j'en suis sûr , je le sais , je l'ai vu , je vous ai suivie. Osez m'assurer que vous ne venez pas de chez M. Lélio.

ARGENTI. Je ne veux pas vous mentir ; il est vrai que je viens de parler à M. Lélio : mais....

ARLEQ. *au désespoir*. Et pourquoi me le
dire ? Je n'en étais pas sûr.

ARGENTI. Ecoutez-moi.

ARLEQ *furieux*. Je ne veux rien entendre;
je veux m'en aller ; je veux vous quitter....
Mon parti est pris, ma colère est passée. Je
n'en ai plus de colère, parce que je n'ai plus
d'amour ; je suis de sang-froid.... Mais,
comme je me sens le plus fort desir de meur-
trir ce visage-là , qui est la cause de tous
mes chagrins, vous sentez bien qu'il faut que
je m'en aille.... Vous sentez bien.... (*Argentine effrayée s'éloigne; il la prend par le bras
et la ramène fortement à lui.*) N'ayez pas
peur, je sais me posséder... Je ne suis plus
votre mari, je suis votre ami, votre meilleur
ami , et je vous parle comme un ami.... Je
vous abhorre, je vous déteste, je vous méprise, je ne puis plus soutenir votre vue,
je ne peux plus vous regarder sans me dire :
voilà une femme qui en aimait deux, et qui
leur faisait croire qu'ils étaient un. Séparons-
nous dès ce moment. Restez ici, gardez vos
enfans ; je ne pourrais jamais les embrasser
sans vous pleurer ; j'aime encore mieux re—

noncer à les embrasser. Gardez tout le bien;
il vient de vous ; il me serait odieux. Je n'ai
besoin de rien , je ne veux rien, je n'empor-
terai rien que mon cœur ; et comme , si je
vous parlais plus long-tems , je vous le lais-
serais peut-être , je vous quitte pour jamais.

ARGENTI. *court après.* Mon ami....

ARLEQ. *la repoussant.* Laissez-moi ; je ne
vous crois plus.

SCÈNE XIII.
ARGENTINE , *seule.*

MALHEUREUSE ! que devenir ? que faire ?
Il me croit coupable ; et je ne puis.... Cou-
rons nous jeter aux pieds de mademoiselle
Rosalba, elle aura pitié des maux qu'elle me
cause ; elle ira me justifier elle-même aux
yeux de mon mari ; c'est à elle.... Mais la
voici.

SCÈNE XIV.
ARGENTINE , ROSALBA.

ARGENTI. Mademoiselle.

ROSAL. Je viens de rencontrer ton mari.

ARGENTI. Où allait-il ?

ROSAL. Chez mon père. Je lui ai donné moi-même ce petit contrat que j'ai fait faire pour lui , selon tes intentions ; mais à peine m'a-t-il regardée : il a pris le papier d'un air égaré, et a poursuivi son chemin sans me parler. Et quoi !...... tu pleures , ma chère Argentine! Qu'est-il donc arrivé ? Réponds-moi vîte.

ARGENT. Le plus affreux des malheurs. M. Lélio vous a écrit, comme à l'ordinaire, sous mon adresse. Mon mari a reçu la lettre ; il me croit coupable ; il m'abandonne : et je n'ai pas trahi votre secret.

ROSAL. O ciel ! que me dis-tu ? Arlequin va chez mon père ; je le connais, il lui dira tout ; et mon père sera plus irrité que jamais contre Lélio. Peut-être même soupçonnera-t-il la vérité , et rien alors ne pourra le fléchir.... Ma chère amie, pardon, pardon , mille fois , mon amie. Je ressens toute ta douleur ; et je me perdrai , s'il le faut , afin de te justifier : mais je te supplie , je te conjure d'attendre ici que je revienne te parler.

(*Elle sort précipitamment.*)

5.

SCENE XV.

ARGENTINE , *seule.*

ET lui.. reviendra-t-il ?.. irai-je le chercher ?.... Il reviendra , j'en suis sûre ; mon cœur me le dit , et mon cœur ne m'a jamais trompée toutes les fois qu'il m'a parlé de lui... Attendons.., Je suis au supplice... Mes enfans , revenez ; mes pauvres enfans , venez embrasser et consoler votre mère.

(*Les deux enfans reviennent.*)

SCÈNE XVI.

ARGENTINE , LES DEUX ENFANS.

LE CADET. Ah! maman , qu'avez-vous donc ? Vous pleurez comme quand j'ai été malade.

L'AINÉ. Ma chère maman , avez-vous du chagrin ?

ARGENTI. (*Elle pleure.*) Non , mes enfans ; non , mes bons enfans : ce n'est rien ; cela se passera.

L'AINÉ. Nous avons entendu mon papa qui grondait bien fort. Est-ce lui qui vous fait pleurer comme cela ?

(Ici Arlequin entre, et Argentine conti-
nue sans le voir.

SCÈNE XVII.

ARLEQUIN , ARGENTINE , LES DEUX ENFANS.

ARGENTI. Vous savez bien que jamais aucun
chagrin ne peut me venir par votre papa :
au contraire, c'est toujours lui qui les dissipe.

LE CADET. Ah ! le voilà. (*Il court à lui.*)
Venez donc vîte, mon papa ; maman pleure,
et elle dit que vous seul pouvez la consoler.

ARLEQ. *les repoussant tout doucement.*
Laissez–moi , laissez–moi.

L'AINÉ. Ah ! mon frère , comme il a du
chagrin. (*Ils se retirent tous deux au fond*
du théâtre , et y restent pendant toute la
scène d'Arlequin et de sa femme.)

ARLEQ. Madame , vous êtes fâchée de me
revoir ; je le suis plus que vous : mais comme j'ai le projet de vous oublier entièrement
je viens vous rendre tout ce qui pourrait me
rappeler que nous nous sommes aimés (*Il*
déboutonne son habit, et ouvre un petit sac
qui lui pend au cou.) Tout est dans ce petit sac ;

je l'avais mis là , (*il montre son cœur*) pour
que tout ce que nous nous étions donné fût
ensemble. Je vais vider le sac devant vous ,
afin que vous n'imaginiez pas que je garde
quelque chose. (*Il tire un portrait.*) Voici
d'abord votre portrait : il n'a pas changé comme vous ; il est toujours joli : il vous ressem-
blait encore ce matin, mais il ne vous ressemble plus. Le voilà , madame. (*Il le pose sur
une table, et tire un papier plié.*) Voici le
premier billet que vous m'avez écrit , que
Scapin me vola , et que j'eus le bonheur de
rattraper. Le voilà , madame , je vous le
rends; je n'aime pas à vivre avec les menteurs.
(*Il tire un bouquet flétri.*) Voici encore un
vieux bouquet de violettes que je vous don-
nai le premier jour où je vous fis ma déclara-
tion. Après l'avoir porté toute la journée ,
vous le jetâtes le soir ; j'allai le ramasser...
Tenez, il sent encore bon... Je n'aurais jamais cru que ces violettes-là dureraient plus
que votre amour. Les voilà, madame.(*Il lui
montre le sac.*) Il n'y a plus rien ; regardez.
Ce petit sac , qui avait été des années à se
remplir,s'est vidé dans une minute. J'ai tout

rendu. Ah ! j'oubliais ce qui doit vous être le plus cher... la lettre de M. Lélio, et puis encore un contrat que mademoiselle Rosalba vient de me donner ; car c'est sûrement pour vous ce contrat-là.

ARGENTI. Non ; il est à vous.

ARLEQ. A moi! Qu'est-ce que cela veut dire ?

ARGENTI. Je vais vous l'expliquer, quoique ce ne soit pas le moment. Mademoiselle Rosalba a voulu me donner ce matin quinze mille francs, je lui ai demandé que ce don fût pour vous seul : c'est le contrat que vous tenez.

ARLEQ. *jetant le contrat.* Je n'en veux point. Avez-vous imaginé que je recevrais d'une main les lettres de M. Lélio, et de l'autre, des présens pour me consoler? Avez-vous cru me dédommager avec de l'argent, de votre cœur que vous m'avez ôté? Non, madame, non ; personne n'est assez riche pour me payer ce que vous m'avez volé.

ARGENTI. Mon cœur est toujours à vous; il n'a pas cessé d'être à vous. Je ne peux pas en dire davantage ; mais vous devriez me deviner.

ARLEQ. Vous deviner ! cela était bon quand nous nous aimions : ce n'est que dans ce temps-là qu'on se devine.

ARGENTI. Voulez-vous m'écouter un seul moment ?

ARLEQ. Oh ! parlez, votre ami, M. Lélio, s'est donné la peine d'écrire ma réponse à tout ce que vous direz.

ARGENTI. Une femme assez malheureuse pour tromper son mari, n'en vient pas au dernier crime sans lui avoir donné des sujets de plaintes moins graves : ce n'est qu'à force de négliger ses devoirs qu'elle parvient à les oublier. Si j'étais capable de vous avoir trahi, avant d'en aimer un autre, j'aurais cessé de t'aimer toi-même, j'aurais repoussé ta tendresse, j'aurais cherché à te refroidir. Et, réponds-moi, as-tu jamais remarqué la moindre diminution dans mon amour pour toi, dans mon désir de te plaire, dans mon chagrin de te quitter, dans mon plaisir de te revoir ? Rappelle-toi tous les instans de ma vie ; en ai-je été un seul sans te dire, sans te répéter, sans te prouver que je t'adore ? Ton cœur peut-il m'accuser ?....

ARLEQ. Il n'est pas question de mon cœur,
Il ne vous accusera jamais. La vieille habitude qu'il a de vous croire, fait qu'il me parle
toujours pour vous... Mais je ne l'écoute pas.
Voilà la lettre qui vous condamne ; cette
lettre est de M. Lélio ; M. Lélio vous aime ;
vous vous cachez de moi pour aller voir M.
Lélio ; tout cela est clair.... Et , tenez, M.
Pandolfe lui-même, à qui je viens de tout raconter, parce que je ne peux pas garder mes
chagrins, moi ; M. Pandolfe a été plus
affligé que surpris ; il m'a dit que M. Lélio
s'amusait à être l'amoureux de toutes les
femmes qu'il voyait. Car il ne faut pas que
vous vous imaginiez être la seule que M.
Lélio adore. Il se moque de vous , tout
comme des autres. Il en aime peut-être dix
dans ce moment-ci ; et cette lettre-là a servi
pour une douzaine. Sans aller plus loin , M.
Pandolfe m'a dit qu'il avait un peu tourné la
tête à mademoiselle Rosalba.

ARGENTI. Et vous pensez que j'aurais été
capable d'enlever un amant à mademoiselle
Rosalba, à ma bienfaitrice , à celle à qui je
dois tout ! Vous imaginez que j'aurais sacrifié

ma tendresse pour toi, mon bonheur, mon repos, pour avoir le plaisir de chagriner mademoiselle Rosalba ! Non , mon ami, l'amitié seule m'aurait défendu : mais je l'étais assez par mon amour, qui est aussi vif, aussi tendre , qu'au premier jour de notre mariage. Il est possible qu'une femme trompe son époux, mais elle ne peut pas tromper son amant : l'amour est une sauve-garde encore plus sûre que la vertu. Mon ami , je suis innocente, puisque je t'aime, puisque je t'adore , puisque je préfère la mort à ton indifférence..... Réponds – moi.... A quoi penses-tu ?

ARLEQ. *la regardant.* Je pense qu'il serait bien dommage que la fausseté eût ce visage-là.

ARGENTI. Livre-toi au mouvement de ton cœur ; reviens à moi, reviens à celle qui n'a pas cessé d'être à toi. Je ne me relève pas que tu ne m'aies pardonné.

(*Elle tombe à ses genoux ; les deux enfans accourent, et se mettent aussi à ses genoux.*)

LES ENFANS. Ah ! mon papa , pardonnez à notre maman.

(*Arlequin, ému, relève sa femme et se met à genoux.*)

ARLEQ. C'est à toi de me pardonner d'avoir pu te croire coupable.

LES ENFANS, *à leur mère.* Ah ! maman, pardonnez à notre papa.

ARGENTI. (*Elle l'embrasse.*) Enfin, me voilà heureuse ! Mon ami, je te promets qu'il ne te restera pas le moindre nuage ; je jure que tout sera éclairci....

ARLEQ. Tout l'est, puisque tu m'as embrassé.

(*Il remet dans son sac tout ce qu'il en avait ôté.*)

ARGENTI. Non, mon ami ; j'exige de toi que tu ne me quittes pas une seule minute jusqu'au moment de ma justification.... Mais voici mademoiselle Rosalba. Comme elle est agitée ! Eh ! mademoiselle, qu'allez-vous nous apprendre ?

SCÈNE XVIII.

ROSALBA, ARLEQUIN, ARGENTINE LES DEUX ENFANS.

ROSAL. Qu'il ne manque plus rien à mon

bonheur. Laisse-moi reprendre haleine ; je ne me possède pas de joie.

ARGENTI. Je brûle d'apprendre....

ROSAL. Ma tendresse pour toi pouvait seule me donner le courage que je viens d'avoir. En te quittant, j'ai couru chez mon père ; Arlequin sortait ; il lui avait tout dit, car mon père irrité donnait à Lélio des noms qu'il est loin de mériter. Je me suis précipitée à ses pieds : c'est moi, me suis-je écriée, c'est moi qui l'ai épousé ; je suis sa femme.... La femme de qui ? a-t-il dit en me repoussant.... La femme de Lélio. A ces paroles mes forces m'ont abandonnée, mais non pas mon père ; il m'a relevée avec fureur et tendresse, ses mains tremblaient et n'osaient pas presser les miennes ; il semblait avoir peur de me pardonner. J'ai profité de l'instant, j'ai tout avoué ; je lui ai dit que je portais dans mon sein le gage de notre union, que cet enfant était le sien, et qu'il lui demandait, par ma voix, la permission de naître pour l'aimer. Mon amie, cette idée a fait évanouir sa colère ; il est resté un moment incertain sur ce qu'il allait dire. Mes yeux étaient fixés sur les siens , mon cœur battait de toute sa force ; je le regardais sans parler , il me regardait de même ; enfin ce silence a fini par un torrent de larmes qu'il retenait depuis long-tems. Dès que je l'ai vu pleurer , j'ai senti qu'il allait pardonner ; je me suis élancée à son cou ; et les premiers mots que sa bouche a prononcés, en se pressant sur mon visage , ont été : ma fille , je te pardonne.

ARGENTI. *embrassant Rosalba avec transport.* Ah , rien ne manque à mon bonheur.

ROSAL. Venez mes amis , venez avec moi : je cours chercher Lélio ; je vais le conduire aux pieds de mon père. Soyez les témoins d'une félicité que je dois à ma chère Argentine.

ARLEQ. Mais je n'entends pas bien tout cela. M. Lélio est donc le mari de mademoiselle Rosalba ?

ARGENTI. Voilà ce grand secret que j'avais promis de te cacher. De peur qu'il ne fût découvert , je recevais sous mon adresse les lettres de M. Lélio pour sa femme. Celle d'aujourd'hui....

ARLEQ. Chut , chut , je comprends toute ma méprise : je ne me la pardonnerais pas , si j'avais eu besoin d'explication pour me raccommoder avec toi. (*Il embrasse Ar-gentine , et puis il prend par la main ses deux enfans.*) Mes enfans , vous vous marierez un de ces jours ; si vous avez le bonheur , comme moi , de trouver une honnête femme , souvenez-vous qu'il faut toujours la croire plus que vos propres yeux. Sans cela , point de bon ménage.

FIN.

LE BON PÈRE,

OU

LA SUITE DU BON MÉNAGE,

COMÉDIE

EN UN ACTE ET EN PROSE,

Représentée pour la première fois sur le théâtre Italien, au mois de mars 1790.

PERSONNAGES.

ARLEQUIN, père de Nisida.—NISIDA.—
CLÉANTE, amant de Nisida.—NÉRINE,
suivante de Nisida.

La scène est à Paris, dans la maison d'Arlequin.

Le théâtre représente un salon.

SCÈNE PREMIÈRE.

CLÉANTE, NÉRINE.

NÉRINE.

JE ne vous comprends pas, monsieur Cléante; quand toute la maison est dans la joie,

quand nous sommes tous occupés de la fête
que monsieur Arlequin, notre maître, donne
à sa fille mademoiselle Nisida , vous , que
votre esprit et vos talens peuvent si bien ser-
vir dans cette occasion , vous paraissez plus
triste que jamais.

CLEA. J'ai sujet de l'être , ma chère
Nérine ; Je viens de recevoir des nouvelles
très-affligeantes.

NER. De qui ?

CLEA. De mon régiment.

NER. Mais contez-moi donc tout cela? Ne
suis-je plus votre confidente ? Avez-vous
oublié que c'est moi seule qui vous ai fait entrer dans cette maison ? que sans moi vous
n'auriez jamais pu parler à mademoiselle
Nisida ? Ce n'est pas pour vous reprocher
mes bienfaits , que je vous les rappelle; mais,
puisque je n'ai rien négligé pour votre bonheur , j'ai le droit de partager vos peines.

CLEA. J'ai toujours présent à ma mémoire
tout ce que tu fis pour moi. Sans ton amitié,
sans ton adresse, je n'aurais pas revu Nisida
depuis le jour où , pour la première fois , je
l'aperçus à la promenade. Ce seul moment

lui livra mon cœur. Tous mes efforts, toutes mes tentatives pour m'introduire ici, furent inutiles : toi seule eus pitié de moi ; tu daignas protéger cet amour si tendre, si pur, qui ne finira qu'avec mes jours ; tu fus la première à me travestir et à me présenter pour secrétaire à ton maitre, M. Arlequin. Depuis six mois je jouis du bonheur inexprimable de vivre, de respirer auprès de celle que j'adore, de la voir tous les jours, de lui parler quelquefois. Elle ne se doute pas que je l'aime et que je suis digne de l'aimer : n'importe, j'étais heureux, je bénissais mon sort ; une lettre que je reçois de mon colonel, vient détruire cette illusion.

Nér. Que vous écrit ce colonel ?

Clea. Tu sais que depuis trois mois j'ai reçu l'ordre de retourner au régiment ; je n'ai pu m'y résoudre : et mon colonel, qui s'intéresse véritablement à moi, a découvert, je ne sais comment, que j'étais dans la maison de monsieur Arlequin sur le pied d'un secrétaire, d'un domestique, tranchons le mot; et que j'oubliais tous mes devoirs pour un fol amour qui ne peut être heureux. Il vient de m'écrire, avec toute la sévérité d'un chef et toute la vivacité d'un ami , que , si je n'ai pas rejoint dans huit jours, il fera nommer à ma compagnie.

NER. Hé bien, qu'il y nomme. Votre compagnie la plus chère , c'est nous ; et votre premier colonel , c'est mademoiselle Nisida. Je ne m'y connais pas, moi; mais il me semble qu'il vaut bien autant être le mari d'une demoiselle jeune , charmante , riche , aimable , que d'être capitaine de cavalerie.

CLEA. Tu parles toujours de mariage , Nérine ; et tu ne veux pas comprendre qu'il est presque impossible que j'épouse mademoiselle Nisida.

NER. La raison, s'il vous plaît. On épouse tout le monde , excepté sa sœur.

CLEA. Je te l'ai dit cent fois. Nisida est jeune, belle, aimable , fille unique d'un père très-riche : et moi, militaire obscur, sans fortune , presque sans nom , car le sort qui m'a poursuivi dès le berceau , me défend d'oser porter le nom de mon père ; moi , destiné à vieillir dans un régiment, ou à trouver la mort à la guerre, j'ose aimer Nisida , je me travestis,

travestis, je me dégrade, je vais perdre pour elle le seul bien que je possède, le seul qui me fait vivre, mon état : et quand il ne me restera plus rien dans le monde que mon amour, comment oser le déclarer à celle qui pourrait croire que c'est sa fortune que j'aime ?

Ner. J'approuve cette délicatesse, sans voir les choses comme vous les voyez. Mademoiselle Nisida est assurément tout ce que vous avez dit ; mais vous, monsieur Cléante, vous n'êtes pas si fort au-dessous d'elle. D'abord, pour les qualités et les agrémens, sans vous flatter, vous vous ressemblez beaucoup. Je sais que ce petit article, qui fait tout dans le mariage, est compté pour rien dans le contrat : mais monsieur Arlequin, le père de mademoiselle Nisida, convient lui-même qu'il n'est qu'un simple bourgeois d'une petite ville d'Italie, et qu'il ne possède ses richesses que par un hasard singulier. Vous êtes un homme de condition, capitaine de cavalerie à vingt ans, aimé, considéré de tous ceux qui vous connaissent ; jamais votre réputation n'a été effleurée par la moindre étourd

6

CLEA. A cela je n'ai point de mérite ; quand on est pauvre, on n'a que la ressource d'être sage.

NER. Cela peut être ; mais bien des gens ignorent leurs ressources. La fortune est donc la seule qui ne vous ait pas bien traité. C'est un malheur pour vous, et un bonheur pour celle qui vous épousera : car vous lui devrez tout ; et il me semble qu'il faut bien estimer quelqu'un pour consentir à lui devoir tout.

CLEA. Ces réflexions-là ne me sont pas permises.

NER. Ecoutez-moi, monsieur ; j'ai toujours eu une manière de me conduire qui m'a réussi. Mon grand principe, c'est qu'il faut céder à son cœur toutes les fois qu'il est plus fort que notre raison. Examinez-vous bien. Si vous croyez pouvoir oublier mademoiselle Nisida, il faut retourner à votre régiment, suivre le service, et reprendre par votre mérite la place que le sort vous a ôtée : s'il vous est impossible de vivre sans mademoiselle Nisida, ma foi, il faut rester ici plutôt que de mourir ; il faut lui parler, lui découvrir qui vous êtes, lui dire que vous l'aimez.....

Cléa. Oh! jamais je n'oserai, Nérine....

Ner. Oh! si la peur vous prend, tout est perdu. Mettez-vous donc bien dans la tête que, depuis que le monde est monde, il n'y a jamais eu d'homme étranglé par une femme, pour lui avoir dit qu'il l'aimait. De tous les tours qu'on peut nous jouer, c'est celui-là que nous pardonnons le plus aisément : je vous dis le secret du corps, moi ; c'est à vous d'en profiter.

Cléa. Mais....

Ner. Mais j'en sais plus que vous, et votre bonheur m'est aussi cher que le mien ; car je ne sais pas pourquoi l'on s'intéresse toujours à ceux qui ne sont bons qu'à nous donner du chagrin ; croyez-moi, suivez mes avis, vous réussirez.

Cléa. Je ne demande pas mieux : que faut-il faire ?

Ner. Commencez par aller écrire à votre colonel, et demandez un mois de délai Pendant ce temps, je me charge de vous faire expliquer vous et mademoiselle Nisida. (*Cléante la regarde et ne sort point.*) Allez donc, ne perdez pas de temps. Faut-il que ce soit moi qui écrive à votre colonel ?

CLEA. Comme tu es vive ! Attends un moment....

NER. Il n'y a point à attendre , allez écrire ; reposez-vous sur moi du reste , et reprenez cette gaîté charmante qui vous fait aimer de tout le monde. Songez que c'est aujourd'hui la fête de votre maîtresse; occupez-vous du bouquet , du compliment que vous devez lui faire. Je veux bien me charger de tout ce que vous trouverez de difficile ; mais j'exige que vous soyez très-aimable , parce que cela vous est fort aisé.

CLEA. Je ne le serai jamais tant que toi ; mais du moins je t'obéirai aveuglément.

(*Il lui baise la main et sort. Arlequin paraît, et voit Cléante baiser la main de Nerine.*

Arlequin doit être en habit de velours noir , veste de drap d'or , perruque à trois marteaux , culotte et masque d'Arlequin.)

SCÈNE II.
ARLEQUIN, NÉRINE.
ARLEQUIN.

FORT bien ; je ne m'étonne plus , Nérine , si tu me fais si souvent l'éloge de Cléante.

NER. Je vous assure, monsieur, que ce qui nous lie le plus, monsieur Cléante et moi, c'est notre extrême attachement pour vous et pour mademoiselle votre fille.

ARLEQ. Je ne te demande pas ton secret : vous êtes libres tous deux, vous vous convenez, vous avez raison de vous aimer ; c'est une des plus douces consolations de la vie. Où est ma fille ?

NER. Elle est renfermée dans son cabinet ; depuis quelque tems elle aime beaucoup à être seule.

ARLEQ. Il ne faut pas la déranger. Crois-tu qu'elle se doute de la petite fête que je lui prépare pour ce soir ?

NER. Je ne le crois pas, monsieur.

ARLEQ. Nos musiciens viendront-ils ?

NER. Ils doivent être ici de bonne heure, et je les ferai cacher dans le petit salon, pour que mademoiselle Nisida ne puisse pas les voir.

ARLEQ. C'est bien. L'important est que ma fille ne s'attende à rien, et qu'en sortant de table elle trouve le salon tout en fleurs, tout en lumières, avec une musique terrible, et

son nom écrit par-tout en guirlandes. Ensuite
les marchands entreront, et tu auras soin de
faire porter dans la chambre de Nisida tout
ce qui aura l'air de lui plaire. Je paierai tout :
je suis riche, et je ne trouve bien employé
que l'argent dépensé pour ma fille. Avoue
que j'ai raison, et que ma Nisida est charmante.

NER. Tout le monde n'a qu'un avis là-
dessus.

ARLEQ. C'est qu'elle ressemble à sa mère,
ma pauvre Argentine, que j'ai tant pleurée.
Hélas ! après vingt ans de mariage, je l'ai
perdue au moment où je fis ma grande fortune. Nous n'avions jamais eu qu'une seule
querelle, encore était-ce moi qui avais tort.
Tiens, voilà son portrait, voilà tout ce qui
m'en reste.... Ah ! Nérine, ne te marie jamais ; il est si affreux de s'aimer et de mourir l'un après l'autre !

NER. Allons, monsieur, pourquoi vous
affliger ?....

ARLEQ. *pleurant.* Ce n'est pas s'affliger
que de pleurer ceux que l'on regrette ; au
contraire, Nérine, j'ai du plaisir à me rap-

peler ma femme et mes deux petits garçons.
Comme j'étais heureux quand ils vivaient.
Nous n'étions pas riches ; mais nous avions
la paix, la joie et l'amour : avec cela on ne
manque pas de grand'chose. Hélas! ils ont
tout emporté.

Ner. Comment pouvez-vous oublier ce
qui vous reste ? L'estime générale, une
grande fortune, des amis, une fille unique
dont vous devez être fier, tous vous assure
une vieillesse douce et honorable. Mademoiselle Nisida ne tardera guère à se marier :
elle sera heureuse, car vous êtes assez riche
pour lui laisser choisir un époux selon son
cœur. Votre gendre, votre fille, vos petits-
enfans, vous béniront, vous soigneront ;
vous serez au milieu d'eux le point de réunion
de leur bonheur et de leur tendresse. Allez,
allez, monsieur, c'est peut-être le plus
doux moment de la vie ; et je crois qu'un
vieillard, entouré de ceux qu'il a comblés de
biens, a cent fois plus de vrais plaisirs que
le plus heureux jeune homme.

Arleq. J'espère que tu as raison : d'ailleurs je me dis tous les jours que les pleurs

ne servent de rien. Aujourd'hui il ne m'est pas permis d'être triste ; parlons de ma fille. Je voudrais bien pouvoir trouver quelque joli couplet que je lui chanterais ce soir : mais je n'ai jamais fait de vers ; et il ne suffit pas de bien penser pour bien dire.

NER. Pardonnez-moi, cela suffit quand c'est pour sa fille que l'on travaille.

ARLEQ. Depuis hier soir je rumine ce projet-là ; mais ces diables de rimes ne viennent point ; voilà tout ce qui m'embarrasse, car, sans la rime, je ferais des vers comme de la prose..... Ecoute, appelle Cléante pour qu'il vienne écrire sous ma dictée ; et va-t'en ; oui, va-t'en, je crois que je suis dans un bon moment.

NER. Dépêchez-vous d'en profiter, je vais vous envoyer monsieur Cléante.

(*Elle sort*).

SCÈNE III.

ARLEQUIN , *seul.*

Voyons donc si je ne pourrais pas faire un petit madrigal, quand il ne serait que de quatre vers... Il y a tant de jolies choses à dire de mà fille! Voyons.... (*Il se met à son bureau et rêve.*) C'est le commencement qui est toujours le plus difficile.... Il faut pourtant bien commencer... O ma fille. Cela n'est pas mal. O ma fille, c'est fort bien.... (*Il écrit*) Cependant, O ma fille, c'est trop grand, trop poétique ; je m'en vais ôter l'O. Ma fille, c'est beaucoup mieux, c'est plus simple et plus doux : Ma fille, voilà comme mon cœur l'appelle ; il ne l'appelle pas, O ma fille. Ma fille, c'est clair et charmant. Oui : mais cela ne suffit pas, il faudrait encore quelque chose. Ma fille, c'est une belle pensée, mais c'est trop court.... Où est donc ce Cléante? Depuis six mois que j'ai un secrétaire, voici la première fois que j'en ai besoin, et il n'est pas là. C'est bien la peine.... Ah! le voici.

SCÈNE IV.
ARLEQUIN, CLÉANTE.

ARLEQ. Arrive donc, mon ami ; j'ai tout plein de choses à te dicter ; mets-toi là, et écris ce que je vais te dire.

CLEA. *s'assied.* Quand vous voudrez, monsieur.

ARLEQ. Mon ami, ce sont des couplets que j'ai faits pour la fête de ce soir. Ils ne sont pas encore finis ; mais il faut toujours les écrire, parce que je n'ai point de mémoire, et mes vers m'échappent... avant d'être faits Allons, prends du grand papier, le plus grand et écris : Couplets à ma fille, le jour de sa fête.

CLEA. *écrivant.* Le jour de sa fête.

ARLEQ. Ma fille....

CLEA. Ne faut-il pas écrire d'abord sur quel air vous les avez faits.

ARLEQ. Sur quel air ?

CLEA. Oui, monsieur.

ARLEQ. L'air ne me regarde pas ; je ne me charge que des paroles.

CLEA. Mais puisque vous voulez que ces paroles se chantent, vous les avez faites sur un air.

ARLEQ. Non, en vérité, je n'y ai pas songé.

CLEA. Cela est pourtant nécessaire.

ARLEQ. Oh ! bien tu feras l'air, toi, quand

j'aurai fait les paroles. Je ne peux pas tout faire.

CLEA. *relit*. Couplets à ma fille, le jour de sa fête.

ARLEQ. Fort bien. Ecris à présent : Ma fille....

CLEA. Ma fille....

ARLEQ. As-tu mis ?

CLEA. Oui , monsieur.

ARLEQ. Un moment.... Tu as mis ma fille ?

CLEA. Oui , monsieur.

ARLEQ. *rêvant*. C'est très-bien.... Mets à présent....

CLEA. *après un silence*. Quoi, Monsieur?

ARLEQ. Une virgule.

CLEA. J'attends , monsieur.

ARLEQ. Moi auss:.

CLEA. Comment ?

ARLEQ. sans doute , je n'ai fait que cela encore.

CLEA. Vous n'êtes pas très-avancé.

ARLEQ. J'ai toujours mon commencement.... Tu devrais bien m'aider un peu.

CLEA. Vous avez trop de sensibilité, vous

aimez trop mademoiselle Nisida, pour avoir besoin d'un aide ; il est si facile de la louer ! Dites-moi ce que vous pensez pour elle , je l'écrirai: les vers s'arrangeront d'eux-mêmes.

ARLEQ. Je crois que tu dis vrai : voyons ; je voudrais lui faire un petit compliment sur sa figure , ses qualités , son esprit.... que cela fût tourné.... d'une manière gentille, avec un peu ... Charge-toi de mettre des rimes à ces vers-là.

CLEA. *rêvant.* Je vous entends bien.

ARLEQ. Tu entends bien : voilà mon premier couplet.

CLEA. *écrit.* Il est écrit.

ARLEQ. Fort bien ; à présent je m'en vais faire le second. Ecris ces vers-ci. Oh , ceux-là sont tout faits. Ecris que ce n'est pas à son père à la louer , mais que tout le monde parlerait comme son père... et rime toujours au moins.

CLEA. Il le faut bien. (*il rêve et écrit.*) C'est écrit, monsieur.

ARLEQ. Me conseilles-tu d'en faire encore un ?

CLEA. Il me semble que deux suffisent.

ARLEQ. Tu n'as qu'à dire, je suis en train ; mais je crois qu'en voilà bien assez. Prends cette mandoline, et chante-moi les couplets que je viens de faire, pour que je corrige.

CLEA. (*Il chante en s'accompagnant de la mandoline.*)

Ma fille unit aux grâces de son âge
Des dons plus sûrs pour fixer le bonheur :
Et l'on ne sait qué chérir davantage
De sa beauté, son esprit ou son cœur

ARLEQ. C'est mot à mot ce que j'ai dit ; je croyais cela plus difficile. Voyons l'autre couplet.

CLÉANTE.

Je peux flatter une fille si chère,
Mais l'on pardonne à ce doux sentiment :
Si je la vois avec les yeux d'un père,
Tout autre aura les yeux d'un tendre amant.

ARLEQ. *surpris.* C'est moi qui ai fait celui-là ?

CLEA. Vous venez de me le dicter.

ARLEQ Cela est vrai ; mais il n'avait pas l'air si joli quand je l'ai fait. C'est fort bien, fort bien ; je ne vois rien là à corriger Sans me flatter, conviens qu'ils ne sont pas mal.

SCÈNE V.

ARLEQUIN, CLÉANTE, NÉRINE.

NÉRINE.

MONSIEUR, on vous demande.

ARLEQ: Comment! je ne peux pas travailler une minute en repos! Il faut toujours qu'on me dérange. Qui me demande ?

NER. C'est ce monsieur habillé de noir qui est venu hier matin.

ARLEQ. Ah, c'est différent : cette affaire-là est plus intéressante que toutes les miennes, elle regarde ma fille.

NER. Il vous attend dans votre cabinet.

ARLEQ. J'y vais. (*A Cléante.*) Mon ami, je suis on ne peut plus content de moi et de toi aussi ; et je te prépare quelque chose qui te prouvera mon amitié : laisse-moi faire, sois tranquille. Ce petit couplet de l'amant qui est le père ; le père, l'amant ; c'est très-joli, très-joli.

(*Il s'en va en chantant les couplets.*)

SCÈNE VI.

CLÉANTE, NÉRINE.

NER. Monsieur Arlequin paraît enchanté de vous, tant mieux : continuez à vous en faire aimer. Ou je me trompe fort, ou sa fille pourrait bien lui en donner l'exemple.

CLEA. Et sur quoi juges-tu... ?

NER. Sur ce que je viens de voir. Vous souvenez-vous de cette chanson si tendre que vous fîtes il y a un mois, que monsieur Arlequin trouva charmante, et sur laquelle mademoiselle Nisida ne dit pas un seul mot ?

CLEA. Oui : hé bien.

NER. Tout à l'heure j'ai été par hasard, jusques à la porte du cabinet de mademoiselle Nisida ; elle y était enfermée. J'ai entendu sa guitare, j'ai écouté : elle chantait votre chanson, tout doucement, à demi-voix, mais avec un accent bien tendre, et qui prouvait qu'elle y prenait plaisir. Monsieur, quand les auteurs nous sont indifférens, on n'a pas peur de louer leurs ouvrages, et l'on ne va pas s'enfermer pour chanter tout bas leurs chansons.

CLEA. Voilà une belle preuve.

NER. Plus claire que vous ne pensez...
Mais la voici : allons, tâchez de lui parler,
de lui faire entendre que vous l'aimez. Vous
avez de l'esprit avec tout le monde, excepté
avec elle.

CLEA. C'est que je n'ai de l'amour que pour
elle.

NER. La voilà : du courage ; je vous ai-
derez tant que je pourrai.

SCÈNE VII.

NISIDA, CLÉANTE, NÉRINE.

NIS. Je croyais mon père ici, Nérine.

CLEA. Il y était tout à l'heure, mademoiselle ; mais il est renfermé avec un homme
d'affaires.

NER. Il nous a même dit que c'était pour
quelque chose qui vous regardait.

NIS. Il est toujours occupé de mes plaisirs ou de mon bonheur.

NER. Que sait-on, peut-être songe-t-il à
se donner un aide pour vous rendre heureuse.

NIS. Que veux-tu dire ?

NÉR. Je veux dire qu'il s'occupe sans doute de vous chercher un mari.

NIS. *vivement.* Ah! j'espère que non.

NÉR. Cela vous ferait du chagrin.

NIS. *froidement.* Tout changement à mon sort ne pourrait que m'être désagréable. Je suis heureuse avec mon père, je n'aime que lui, je ne veux aimer que lui; il ne respire que pour moi. Ce sentiment suffit à mon cœur comme à ma félicité.

CLÉA. Ajoutez à tant de raisons la certitude de ne jamais trouver un époux digne de vous. Quand même sa fortune et son rang seraient au-dessus des vôtres, quand même il serait le plus aimable des hommes, vous feriez encore un mariage inégal.

NIS. Vous me louez toujours, Cléante, j'en suis fâché, car j'aime à causer avec vous, et cela m'en empêche.

NÉR. *bas à Cléante.* Allez donc... O le poltron! (*haut.*) Moi, qui ne vous loue point, mademoiselle, et qui ne vous en suis pas moins attachée, je n'approuve pas cet éloignement pour le mariage. Vous êtes faite pour vous marier; mais je veux que ce soit avec un homme dont l'âge et les qualités vous conviennent. Monsieur votre père est trop vieux pour le chercher, vous êtes trop jeune pour le choisir ; si vous le voulez, je le trouverai, moi, je m'en charge.

Nis. Tu es folle, Nérine.

Nér. Non, je parle très-sérieusement ; je vois d'ici ce qu'il vous faut. Dites un seul mot, et je vous amène un jeune homme bien fait, d'une jolie figure, d'un caractère doux et sensible, d'un esprit fin et aimable ; en un mot, un époux rempli d'honneur, de grâce et d'amour. Si cela vous convient, vous n'avez qu'à parler.

Nis. Et tu répondras de toutes ces qualités, même de l'amour qu'il aura pour moi ?

Nér. Oh! c'est justement ce que je garantis le plus.

Cléa. C'est pourtant le plus difficile à prouver. Quand on est la fille unique d'un homme opulent, on a le droit malheureux de ne jamais se croire aimé. La fortune fait payer ses bienfaits même à l'amour-propre : vous avez beau être jeune, belle, charmante : vous êtes riche, ce mot seul arrêtera tout amant tendre et délicat. Il doit être bien difficile de ne pas vous aimer ; mais il est impossible d'oser dire que l'on vous aime.

Nis. Ce n'est pas à mon âge que l'on fait de si tristes réflexions, et si jamais.

Clea., *vivement*, Si jamais....

SCÈNE VIII.
NISIDA, CLÉANTE, NÉRINE, ARLEQUIN.

ARLEQUIN.

Bonjour, ma chère enfant ; je te souhaite une bonne fête : mais tu n'auras ton bouquet que ce soir, parce que je veux te surprendre. Je t'ai fait des couplets : nous aurons de la musique, feu d'artifice, illumination : tu verras, tu verras quelque chose à quoi tu ne t'attends pas.

Nis. Comment, mon père vous avez la bonté....

Arleq Ne me questionne point, parce que je ne veux pas que tu saches un seul mot de tout cela. D'ailleurs j'ai à te parler d'af-

faires plus importantes , que grâces au ciel ,
je viens de terminer. Cléante et Nérine y
sont pour quelque chose, ainsi je peux m'expliquer devant eux Tu connais bien ce jeune
marquis d'Yrville, dont tout le monde dit du
bien, que tu m'as souvent venté toi-même, et
qui te fait un peu la cour depuis quelques
mois,

Nis. Hé bien , mon père ?

Arle. Hé bien , ma chère amie , je viens
d'arrêter ton mariage avec lui.

Clea. , *à part* O ciel !

Nis. Avec le marquis d'Yrville ?

Arleq. Oui , mon enfant : j'ai eu de la
peine à en venir à bout, mais pour aplanir
les difficultés, je te donne, le jour de ton mariage , tout ce que je possède.

Nis. Et vous , mon père ?

Arleq. Oh ! quoi , la plus sûre manière
pour que je ne manque de rien, c'est que tu
aies tout. D'ailleurs, tu me rendras service :
car, si tu veux que je te parle franchement ,
mon argent m'ennuie , c'est toujours la
même chose , il faut passer sa vie à compter.
Si l on n'avait pas quelquefois le plaisir de
donner , cela serait insupportable.

NÉR. Mais êtes-vous sûr, monsieur, que mademoiselle votre fille...?

ARLEQ. Quant à toi, Nérine, je ne t'ai pas oubliée : j'ai remarqué depuis long-temps l'amitié qui règne entre Cléante et toi; j'ai profité de l'occasion pour faire votre bonheur à tous deux. Je t'assure une dot fort honnête, et tu épouseras Cléante le jour même du mariage de ma fille.

NÉR. J'épouserai monsieur Cléante, moi!

ARLEQ. Oui, tu ne t'y attendais pas, n'est-il pas vrai? j'ai voulu vous surprendre, parce que les choses qu'on desire font cent fois plus de plaisir quand elles viennent sans qu'on y pense. Hé bien !.... Vous voilà tous interdits.... Vous ne me remerciez seulement pas...Qu'as-tu donc Cléante ? Je ne t'ai jamais vu comme te voilà ?

NÉR. Il faut lui pardonner, monsieur : c'est l'amour...la joie...Ce pauvre garçon ne s'attendait pas à m'épouser si promptement.

ARLEQ. Ma chère Nisida, tu n'a pas l'air d'être contente de ce que je viens de t'apprendre. Ecoute donc je désire vivement de te voir la femme du marquis d'Yrville, et je

7.

t'en dirai les raisons ; mais , si cela ne te convient pas , tu me diras les tiennes , qui seront les meilleures.

NIS. Mon père, je suis pénétrée de reconnaissance et d'amour pour vous.... Mais je voudrais vous parler sans témoin.

ARLEQ. Tu m'inquiètes , ma fille. (*à Cléante et Nérine.*) Elle dit qu'elle veut me parler sans témoin ; je crois qu'il faut que vous vous en alliez.

CLEA. , *en sortant.* Nérine que devenir?

NER. Rien n'est encore perdu.

SCÈNE IX.
ARLEQUIN , NISIDA.
ARLEQUIN.

J'AVAIS cru te plaire en arrangeant ce mariage ; me serais-je trompé ! N'aimes-tu pas le marquis ?

NIS. Je ne l'ai jamais aimé. Il s'est occupé de moi, et j'ai rendu justice à ses qualités estimables : mais qu'il y a loin de l'estime à l'amour !

ARLEQ. Ma foi , je me suis donc trompé.

Tu m'en as toujours dit du bien : je le vois
te chercher dans toutes les maisons où nous
allons : quand il cause avec toi, tu as un
air contraint et embarrassé ; j'avais pris tout
cela pour de l'amour. Il n'en est rien ; je
retirerai ma parole, parce que la première
condition était que le mariage te convien-
drait. Pardonne-moi, je t'en prie, le petit
moment de chagrin que je t'ai causé, j'en
suis plus faché que toi-même.

(*Il lui tend la main, que Nisida baise*
avec tendresse.)

Nis. Ah ! mon père !

Arleq Je te promets que je ne ferai plus
pareille étourderie. Dorénavant je te rendrai
compte tous les matins de ceux qui t'auront
demandée en mariage la veille, et je ne
ferai les réponses que sous ta dictée.

Nis. Mais pourquoi vous occuper de m'é-
tablir ? Je suis si heureuse avec vous ! Je n'ai
pas un désir, je ne forme pas un souhait que
vous ne l'accomplissiez. Laissez-moi dans
cette douce position : je ne connais pas le
bonheur d'une femme, et celui de la plus
heureuse des filles me suffit. Oui, quand

bien même , ce qui est impossible , vous me
donneriez un époux qui vaudrait mon père ,
je serais fâchée de partager mon cœur ; je
ne veux aimer que vous , je ne veux rien
devoir qu'à vous.

ARLEQ. Ma chère enfant, tu n'as pas besoin
de m'attendrir pour faire de moi tout ce que
tu voudras. D'abord, mariée ou non mariée,
tu ne me quitteras jamais ; j'en mourrais
tout de suite , et je veux vivre encore quelques années , si cela se peut. Quant à ta
répugnance pour prendre un époux, tu con-
viendrais peut-être qu'il est nécessaire de la
surmonter , si tu savais l'histoire de ma fortune. Ecoute-là d'abord ; ensuite nous rai-
sonnerons ensemble comme deux bons amis
qui n'ont qu'un même intérêt. Je conseil-
lerai , et tu décideras.

NIS. Ah! mon père... Je vous écoute. (*ils
s'asseyent.*)

ARLEQ. Ma chère amie , j'ai toujours été
un honnête homme; mais je n'ai pas toujours
été de ceux que l'on appelle les honnêtes
gens ; car les gens riches sont convenus de
s'appeler ainsi exclusivement. J'étais pau-

vre, moi, et j'habitais avec ta mère la petite
ville de Bergame. Tu n'étais pas encore née,
lorsqu'un seigneur français, nommé le comte
de Valcour, vint s'établir dans notre ville,
et acheta la maison où nous avions un appar-
tement : il nous le conserva. Il me fit amitié :
je le lui rendis du meilleur de mon cœur :
au bout de six mois, il ne pouvait plus se
passer de moi. Ce comte de Valcour était un
fort bon homme, mais il avait épousé secrètement en France une fort mauvaise femme
qui se conduisait très-mal. Un beau matin,
le comte s'en alla, en laissant à cette femme
la moitié de sa fortune pour elle et pour un
fils de six mois qu'elle avait, et dont le comte
n'a jamais voulu entendre parler. J'ai de-
meuré douze ans avec ce monsieur de Valcour
dans la plus tendre intimité ; il y en a onze
qu'il est mort, et qu'il m'a fait héritier de
tout le bien qu'il avait apporté en Italie.

Nis. Je n'en suis pas étonnée.

Arleq. Tant que j'avais été pauvre,
j'avais été heureux : sitôt que je fus riche,
les chagrins vinrent ; je perdis ta pauvre mère
et tes deux frères. Tout cela me fit prendre

mon pays en aversion, je réalisai mon bien, et je vins m'établir à Paris avec toi, qui n'avais pas alors plus de six ans. Je plaçai bien mon argent ; mes fonds sont à peu près doublés depuis dix ans : de sorte, ma chère fille, que j'ai, ou, pour mieux dire, tu as soixante mille livres de rente qui ne doivent rien à personne. Cela est fort joli. Mais si je venais à mourir, tu te trouverais seule, étrangère, sans famille, sans appui, dans la ville la plus dangereuse du monde, et dans un âge où la plus légère étourderie ferait le malheur du reste de tes jours. Voilà pourquoi, ma chère fille, je voudrais te voir mariée à un homme estimable ; considéré, comme le marquis d'Yrville, qui ne sera occupé que de te rendre heureuse, et remplacera du moins ton pauvre père qui se fait déjà bien vieux. Voilà mes raisons, ma chère amie ; et si tu n'as pas de répugnance pour le marquis, je te demande comme une grâce d'assurer ton bonheur après moi.... Tu pleures ! tu ne me réponds pas ?

Nis. Ah ! mon père, je ferai ce que vous voudrez ; mais si vous pouviez lire dans mon cœur, si j'avais la force de vous dire...

ARLEQ. Quoi ! ma fille, as-tu quelque secret pour moi ? Cela ne serait pas juste ; je n'en eus jamais pour ma Nisida.

NIS. Jamais, jamais ; je le sais bien ; mais......

ARLEQ. Est-ce ma qualité de père qui te fait peur ? Oh ! tu peux en sûreté me confier ce que tu voudras, je te réponds que ton père n'en saura rien.

NIS. Non, je ferai mon devoir ; j'en aurai la force ; moins vous ordonnez, plus je veux obéir. Mais j'ai deux grâces à vous demander ; elles sont importantes, elles sont nécessaires au repos de ma vie : c'est de différer ce mariage, et de me mettre au couvent.

ARLEQ. Au couvent.

(*Ils se lèvent.*)

NIS. Oui, mon père, j'en ai besoin ; j'ai besoin de solitude et de réflexion.

ARLEQ. Tu n'y penses pas, Nisida ; toi, au couvent ! cela est bon pour les filles que leurs pères n'ont pas le temps d'aimer. Eh ! que deviendrais-je quand je ne te verrais plus ? Ma chère enfant, d'où peut te venir une résolution si cruelle pour moi ? Ton cœur s'est-il donné ? Aimes-tu quelqu'un ?

NIS *se cachant le visage.* Oui... mon père.

ARLEQ. Hé bien, voilà un grand malheur ! Tu n'as qu'à me le nommer, je m'en vais l'aimer aussi.

NIS. Ah ! il m'est impossible de le nommer sans rougir.

ARLEQ. Tu ne peux pas rougir avec moi ; ne suis-je pas ton père ? ton honneur n'est-il pas le mien ? Ouvre-moi ton cœur, ma fille ; peut-être à nous deux nous viendrons à bout de te rendre heureuse.

NIS. Hé bien mon père, apprenez ce que j'ai voulu cent fois me cacher à moi-même ; guérissez-moi d'une passion que je combats sans cesse, et qui renaît toujours plus violente. J'aime..... J'aime....

ARLEQ. Qui donc ?

NIS. Cléante.

ARLEQ. Mon secrétaire !

NIS. Il n'est pas fait pour l'être, j'en suis sûre ; mais je n'en sens pas moins tout le malheur de mon choix. Je ne vous demande que de me secourir , et j'ose vous répondre que je surmonterai cet invincible penchant.

Eloignez-moi de Cléante ; j'espère tout de mon courage , du temps , et sur-tout de l'absence.

ARLEQ. *après un silence.* As-tu confié ce secret à quelqu'un ?

NIS. Comment pouvez-vous le penser , puisque vous ne le saviez pas ?

ARLEQ. Il est vrai , j'ai tort. Ecoute-moi, je n'ai pas oublié que je ne vaux pas mieux que Cléante, et si j'étais encore en Italie, où tout le monde sait qui je suis, je n'hésiterais pas à te le donner : mais ici , où, par amour pour toi , j'ai fait la sottise d'avoir de la va-nité, cela devient plus difficile. Cependant...

NIS. Non , mon père , non ; c'est à moi de mettre des bornes à votre excessive bonté. Plus vous faites pour moi , plus je dois faire pour vous. Je surmonterai ma passion , je l'immolerai au bonheur de votre vieillesse. Eloignez-moi de Cléante , je vous le de-mande, je vous en supplie ; donnez-moi du temps.... et j'épouserai le marquis d'Yrville.

ARLEQ. Tu n'épouseras point le marquis

d'Yrville ; mais il faut essayer de té guérir.
Tu es bien malade, mon enfant, je serai ton
médecin ; et si les remèdes te font trop de
mal , nous les cesserons tout de suite : c'est
t'en dire assez. Adieu ; laisse-moi et viens
m'embrasser encore.

Nis. *l'embrassant.* Ah! je ne le verrai
plus !

(*Elle sort en pleurant.*)

SCÈNE X.

ARLEQUIN , *seul.*

Je suis bien malheureux , je vais affliger
ma fille : mais il faut pourtant bien la sau-
ver. Holà , quelqu'un.

(*Nérine paraît.*)

SCÈNE XI.

ARLEQUIN , NÉRINE.

Arleq. Dites à Cléante que je veux lui
parler.

Ner. Est-ce pour le gronder, monsieur ?

Arleq. Faites ce que je vous dis.

Ner. C'est que vous avez un air...

ARLEQ. Allons, je vois bien que vous ne voulez pas y aller ; je vais l'appeler moi-même.

NER. J'y vais, j'y vais, monsieur. (*A part.*) Jamais je ne l'ai vu si en colère.

SCÈNE. XII
ARLEQUIN, *seul.*

Jᴇ n'aurai jamais la force de lui donner son congé : cependant il est nécessaire qu'il s'en aille, cela est impossible autrement. Ce pauvre garçon ! c'est ma faute aussi d'avoir pris chez moi un jeune homme charmant qui doit tourner la tête à toutes les femmes qui le verront. Je ne sais comment il arrive qu'avec la meilleure intention du monde je fais toujours tout de travers. Le voici ; je n'oserai jamais le prier de s'en aller.

SCÈNE XIII.
ARLEQUIN, CLÉANTE, NÉRINE.
CLEANTE.

Vous m'avez demandé, monsieur ?

ARLEQ. Oui, mon ami ; j'ai à te parler :

il faut même que nous soyons seuls, Laisse-
nous, Nérine.

NER. , *à part.* Que signifie tout ceci ?

(*Elle reste*)

ARLEQ. Mon ami je suis fort embarrassé...
(*à Nérine.*) Je tai dit de t'en aller, Nérine.

NER. Je le sais, monsieur.

ARLEQ. Hé bien que fais-tu là ?

NER. Vous le voyez bien, monsieur, je
m'en vais.

(*Elle sort.*)

SCÈNE XIV.
ARLEQUIN, CLÉANTE.
ARLEQUIN.

MON cher ami, je ne sais comment t'apprendre une nouvelle qui te fera de la peine
et qui m'afflige beaucoup aussi.

CLEA. Je n'ai jamais été gâté par la fortune, aucun revers ne peut m'étonner.

ARLEQ. J'avais espéré que nous ne nous
quitterions jamais, et que ton mariage avec
Nérine te fixerait dans ma maison pour toujours : mais tout est changé.

CLEA. S'il n'y a que ce mariage de rompu, je suis trop vrai pour vous cacher qu'il ne pouvait avoir lieu.

ARLEQ. Hélas, je me suis donc trompé dans cela comme dans bien d'autres choses. Mais ce qui me coûte le plus à te dire, ce qui me cause le plus de chagrin, c'est que je suis forcé de te demander un service.

CLEA. Ah ! monsieur, ordonnez, parlez, que faut-il faire ?

ARL. J'en suis bien fâché, j'en suis désespéré ; mais il faut que tu aies la bonté de t'en aller

CLEA. De quitter votre maison ?

ARLEQ. Oui, mon cher ami.

CLEA. Ai-je eu le malheur de vous déplaire ?

ARLEQ. Au contraire, je t'ai voué la plus tendre amitié ; je ne sais comment je ferai pour me passer de ta société : ton esprit, ton travail me sont agréables et nécessaires ; je t'estime, je t'aime, je sens mieux que personne tout ce que tu vaux ; mais, quoi qu'il puisse m'en coûter, il faut, mon cher ami, que tu t'en ailles.

CLEA. Ai-je offensé quelqu'un dans votre

maison ? vous a-t-on fait quelque plainte ?

ARLEQ. Pour cela, il s'en faut bien ; tu es
doux, serviable, toujours prêt à obliger ; tu
n'as de querelles avec personne que pour leur
éviter de la peine ; aussi tout le monde s'intéresse à toi, tout le monde t'estime et te chérit : hélas ! c'est à cause de cela qu'il faut,
mon cher ami, que tu t'en ailles.

CLEA. Permettez-moi de vous représenter,
monsieur, que tout ce que vous me dites a
l'air de la plus cruelle ironie. Vous êtes le
maître de me faire quitter votre maison ; mais
pourquoi m'insulter en me rendant malheureux ! Mon respect, ma tendresse pour
vous, ne méritaient pas ce traitement, et
je ne devais pas m'attendre...

ARLEQ. Moi, t'insulter ! mon cher ami
comment peux-tu t'imaginer ? Je te répète
que je t'estime comme moi-même ; que je
donnerais la moitié de mon bien pour passer
ma vie avec toi ; que tu m'as inspiré, dès le
premier jour où je t'ai vu, une amitié, un
attachement, qui m'arrachent des larmes
dans ce moment-ci, parce qu'enfin il faut
que tu t'en ailles, vois-tu... il le faut ab-

solument. J'en pleure, mais il le faut. Laisse-
moi t'embrasser pour la dernière fois. (*Il
l'embrasse en sanglottant.*) Adieu , mon
ami , mon bon ami ; je te regretterai toute
ma vie : mais va-t'en le plus tôt que tu
pourras. Adieu, adieu : compte sur moi pour
toujours ; mais que je ne te revoie plus.

(*Il sort en pleurant.*)

SCÈNE XV.

CLÉANTE , *seul.*

Que signifient ces pleurs et ce congé , ces
protestations de tendresse et l'ordre de quitter sa maison ? Suis-je découvert ? me suis-
je perdu ? Ah ! je ne sais rien, si ce n'est que
je suis le plus malheureux des hommes.

SCÈNE XVI.

CLÉANTE , NÉRINE.

Ner. Que s'est-il donc passé ? Monsieur
Arlequin vient de rentrer chez lui tout en
larmes, et il m'a dit de venir vous consoler ?

Clea. Il m'a ordonné de quitter sa maison
dès ce moment, m'a embrassé , m'a juré une
éternelle amitié, et m'a défendu de reparaître.

ARLEQ. Ah ! Cléante, ce n'est pas bien, et je ne mérite pas ce refus.

CLEA. Il m'est affreux de vous déplaire ; le ciel m'est témoin que rien au monde ne m'est cher au prix de votre amitié : mais une raison invincible me défend d'accepter vos bienfaits.

ARLEQ. Quelle est cette raison ? Il ne peut pas y en avoir de bonnes pour affliger les gens qui nous aiment.

NER. Allons, monsieur, parlez, voilà le moment.

ARLEQ. Que dis-tu Nérine ?

NER. Je l'exhorte à vous ouvrir son cœur ; votre franchise, votre bonté doivent l'encourager. D'ailleurs, vous avez trop bien aimé madame Argentine pour ne pas pardonner les fautes que fait commettre l'amour.

ARLEQ. L'amour !

CLEA. Oui, monsieur ; apprenez tout. Je ne suis point ce que vous croyez. Une passion violente, profonde, pour mademoiselle votre fille, s'est emparée de moi depuis plus d'un an : désespérant de m'introduire chez vous, je me suis présenté pour être votre secrétaire. Voilà mes crimes, punissez-moi.

Arleq. Comment! vous avez abusé de ma crédulité, pour venir séduire ma fille, pour oser....

Nen. Ah! monsieur, je suis témoin qu'il ne lui a jamais parlé d'amour.

Arleq. En a-t-il moins risqué de la perdre de réputation? Si l'on sait, comme il est impossible que l'on ne le sache pas, que vous avez passé six mois dans ma maison, avec la liberté de voir, de parler à ma fille, à toute heure, qui voudra croire au respect que vous avez eu pour elle? Ma pauvre Nisida sera punie de la faute que vous avez seule commise. Et voilà le prix de l'amitié que j'avais pour vous; vous déshonorez ma vieillesse, vous rendez ma fille malheureuse, vous empoisonnez mes derniers jours, tandis que je ne m'occupais que de rendre les vôtres heureux.

Clea. L'amour seul fait mon excuse; et cet amour....

Arleq. Ingrat que vous êtes! pourquoi ne pas me le dire? pourquoi préférer la peine de me tromper au plaisir de m'ouvrir votre cœur ?

CLEA. Vous ne m'auriez pas permis de l'aimer.

ARLEQ. Quel était donc votre espoir ?

CLEA. de vous plaire en vivant avec vous, de m'attirer votre estime et vos bontés, d'attendre, en vous aimant, que votre cœur me jugeât digne d'être aimé ; et quand, à force de respect et de tendresse, j'aurais été certain d'un peu d'amitié, alors je n'aurais pas craint de vous découvrir mes sentimens ; alors ma pauvreté, mes malheurs, tout ce qui m'empêchait de parler, seraient devenus des motifs d'espérance : je vous aurais raconté mes chagrins, votre ame sensible se serait émue, vous auriez écouté l'aveu de mon amour, non comme le père de Nisida, mais comme l'ami d'un malheureux.

ARL, Qui êtes-vous donc ? Parlez, expliquez-vous.

CLEA. Je suis le fils d'un homme de qualité, et j'ai payé bien cher ce funeste avantage. Abandonné par mon père dès les premiers jours de ma vie, victime des fautes d'une mère qui dissipa tout le bien qu'on lui

avait laissé pour moi, je me suis trouvé dans
le monde, à l'âge où l'on a tant besoin de
ses parens, sans fortune, sans guide, sans
appui, seul, isolé dans la nature, n'ayant
pour tout bien que la connaissance de mes
malheurs, et n'osant pas même porter le
nom d'un père qui m'avait ôté sa tendresse
avant que j'eusse vu le jour.

NÉR. Monsieur, vous vous attendrissez....

ARLEQ. Point du tout, mademoiselle....
Et bien ?

CLÉA. Ce n'est pas tout. A l'instant où un
ancien ami de mon père était prêt à s'em-
ployer auprès de lui pour m'obtenir la permission de l'aller embrasser, et c'eût été la
première fois de ma vie, nous apprîmes que
mon père était mort en Italie, et qu'il avait
laissé toute sa fortune à un étranger.

ARLEQ. A un étranger ! Quel soupçon !

CLÉA. Voilà sur quoi je fondais l'espérance
de vous intéresser un jour. Cette fatale illusion m'empêcha de sentir que je vous offen-
sais. Ah ! du moins ne me refusez pas mon
pardon, c'est à vos genoux que je le demande.....   (Il se met à genoux.)

ARLEQ. (*ému.*) Répondez-moi : comment s'appelait votre père ?

CLÉA. Le comte de Valcour.

ARLEQ. Le comte de Valcour !

CLEA. Oui, monsieur : j'ai les preuves.

ARLEQ. O ciel ! vous le fils de mon bien-faiteur !.... Ah ! relevez-vous, monsieur, relevez-vous ; c'est moi qui vous dois du respect.

CLEA. Quoi ! vous l'avez connu ?

ARLEQ. Si je l'ai connu ! et vous êtes son fils ! Ah ! mon ami (*Il embrasse Cléante*), mon cher ami, je dois tout à votre père, je l'ai aimé pendant quinze ans ; c'est moi qu'il a fait héritier de toute sa fortune. Grâce au ciel, c'est moi qui ai tout votre bien : et c'est fort heureux pour vous, mon cher ami, car je vais vous le rendre ; il est à vous, votre père n'a pu me le donner. (*Nisida arrive.*)

SCÈNE XVIII.

ARLEQUIN, CLÉANTE, NISIDA, NÉRINE.

ARLEQ. Viens, ma fille. Voilà le fils de celui qui nous avait laissé sa fortune ; voilà celui à qui appartient tout ce que nous possédons. Nous étions riches ce matin, mon enfant; nous allons être pauvres : mais il le faut bien, car sans cela nous ne serions plus honnêtes gens.

CLEA. Comment! que dites-vous? Je n'ai rien à prétendre : le mariage de mon père ne fut jamais déclaré ; et la loi....

ARLEQ. Que me fait la loi, quand mon cœur parle? Vous voyez bien qu'il me crie que votre bien n'est pas à moi. Comment ! je serais riche, et le fils de mon bienfaiteur serait pauvre! Non, mon ami, non, monsieur : je vais tout vous rendre. Mais je vous supplie d'assurer de quoi vivre à ma fille; je mourrais de douleur si je la laissais dans l'indigence ; et, puisque vous êtes le fils du comte de Valcour, vous ne le souffrirez pas.

CLEA. votre fille ! ô ciel ! hé bien oui, je reprends ma fortune, mais c'est pour la mettre à ses pieds. Et vous, digne et vertueux homme, qui n'hésitez pas à vous dépouiller de vos biens, dans la crainte de me voir malheureux, je le serai toute ma vie ; et vous n'avez rien fait pour moi, si vous me refusez votre fille.

ARLEQ. Quoi ! vous voudriez ?

CLÉA. Je veux retrouver mon père ; vous seul pouvez le remplacer.

ARLEQ. Mais je ne demande pas mieux , et je vais même te dire un secret qui te fera plus de plaisir que d'avoir retrouvé ta fortune (*à voix basse*) ; c'est que je ne te renvoyais de chez moi que parce qu'elle m'avait avoué qu'elle était folle de toi. Ne lui dis pas que je te l'ai répété.

CLÉA. Ah ! Nisida , vous m'aimez donc

NIS. heureusement je l'ai dit ce matin.

NÉR. Grâce au ciel, tout est arrangé ; et j'en pleure de joie.

ARL. Ma chère Nérine , tu vois bien que je ne peux plus te donner Cléante, selon mes premiers projets; mais tu nous permettras de doubler la dot que je te destinais , et tu resteras avec nous pour être la bonne amie de la famille. Quant à vous , mes enfans , vous allez être unis, et vous serez sans doute heureux : mais souvenez-vous bien qu'aucun plaisir dans le monde ne vaut celui de faire son devoir d'honnête homme et de bon père.

FIN DU TOME PREMIER.